急加速で成長できる

船井総研コンサルタント直伝
急加速で成長できる！
仕事力アップの教科書

佐久間俊一
Sakuma Shunichi

すばる舎リンケージ

はじめに

サッカー大国、イタリア・ＡＣミランでの「背番号10」。そのポジションは、文字どおり「世界一」と言っても過言ではありません。

では、もし、目の前に「背番号10」をつけるチャンスが舞い込んできたら――？

ふつうだったら、〝遠慮したり〟〝勇気を出せずに〟みすみすその機会を逃すことが多いのではないでしょうか。

しかし、同じ状況下で、ある男は言いました。「**ＡＣミランの10番をつけるチャンスが自分の前にあるのに、ほかを選びますか？**」と。

また、その彼が高校時代、Ｊリーガーと練習したときのことです。同級生がプロの選手たちに憧れのまなざしを送るなか、彼だけは、自分へパスを出さないプロ選手に、なんと、檄を飛ばしていたとか。これも**ふつうなら考えられないこと**ですよね。

その後、彼改め本田圭佑《ほんだけいすけ》選手は、世界を代表する選手へ**急加速で**上りつめました。

これはスポーツにかぎった話ではありません。仕事でも同じことが言えると思うのです。「〝図々しい〟と相手に思われるので、やらないほうが無難では？」「〝世間的にこれが正しい〟とされる行動を取る」……など、これらが、実は、成功とかけ離れている行動や考え方なのです。相手が求めるでもない、悪しき社交辞令とでも言うべきでしょうか。

反対に、周囲から認められている人、稼いでいる人、仕事を心の底から楽しんでいる人は、いつも積極的です。

彼らが勝利をつかみとった要因はスキルだけではなく、**「ここぞ、勝負!!」という局面で、自分を一歩前に出せる行動力とそのスタンス**がミソなのです。

とはいっても、積極的と消極的、たくましさと下品さ、気遣いと遠慮、決断力と優柔不断、思慮深さと浅はかさ……。これらはすべて表裏一体で、その線引きは大変難しいものです。

そこで、本書では、経営コンサルタントとして数多くの成功者と仕事をしてきた私の経験をもとに、仕事もプライベートもうまくいっている彼らが、**どのような思考回路で、どのように行動し、よい結果に結びつけていくか**を、さまざまなシーンで検証しました。

はじめに

申し遅れましたが、私は株式会社船井総合研究所という会社で1000人を超える方への研修を行い、年間200日以上全国行脚に費やし企業のサポートをしております。

結果を求められる世界なので、建前や体裁ばかりを気にしてはいられません。泥臭い局面のほうが多い仕事です。相手のためとあれば、甘さをズバっと指摘することも多々あります。嫌われることも恐れられることも気にしてはいられません。

「相手にとって本当に必要なこと」を見抜く力がコンサルタントには不可欠だからです。

そういった毎日を過ごすなかで、**「急加速で成長する人」とそうでない人の違い**が見えてきました。そこには世間一般的な常識とは異なることも多くあり、今回、それらを一冊の本にまとめさせていただきました。

本書を読んで実践することで、あなたの行動が変わり、あなたの言動に周囲が一目置くようになるでしょう。さらには、仕事が楽しくなり、ひいては人生全体が楽しくなるに違いありません。

株式会社船井総合研究所　佐久間 俊一

船井総研　コンサルタント直伝
急加速で成長できる！　仕事力アップの教科書

目次

第2章 急加速で成長できる！ 仕事力アップの「考え方」

第3章 急加速で成長できる！ 周りとの「関わり方」

目次

第4章　急加速で成長できる！　仕事力アップの「プライベート」

装丁：原田恵都子（ハラダ＋ハラダ）
本文図版：李　佳珍

第1章

急加速で成長できる！
仕事力アップの「動き方」

急加速で成長できる

泥臭く、まずはとにかく動く
他者の批判ばかりで、動かない

「不言実行」と「口ばっかり」……。どっちがイイか？

突然ですが、質問です。周りからの皆さんの評価は、次のどちらに近いでしょうか？

①あの人って理論的。会議ではほかの人の意見を批判したり、論破したりしてしまう
↓でも、数字を見てみたら給料分も稼いでいないようだ
②あの人って不器用で口下手
↓だけど、お客さんのところに通いつめて努力家だ。さらに数字はトップクラス

もし、前者ならば、あなたは「口先だけ」のビジネスパーソンに成り下がっています。

これは、企業間でもよく聞く話です。実際に存在する二つの会社で起きた出来事をご紹介しましょう。

中堅のA社は業界内では有名企業で、対するB社はまだ弱小の新参者でした。

B社は理論よりもまずは顧客との折衝のなかで起きたことを、**とにかく泥臭くかつ丁寧にクリアしていくことに邁進**していました。

一方A社は、いままでの取引実績や理論を持ち込んで、B社の批判ばかりしています。

「B社ってしょせん業界のことをわかっていない素人集団ですよね。この前の提案なんて、マーケティングをわかっていないことが露呈していた最たる例だ」

ひどいときにはクライアントにまで言っていたといいます。

しかし、しばらくすると仕事がどんどんB社へ流れていくようになりました。そして3年後には、A社の取引額をB社が追い抜いたのです。それでも、A社は「B社はただのガッツだけで、理論的じゃない」と見下したような感覚を持ち続けています。

さらに5年後……。もう比較の必要もないほどにB社とA社の差は開き、クライアントの主要取引は、B社へとすり替わってしまったのです。

これは私が目《ま》の当たりにした逆転劇。

この事例からもわかるように、A社のような**批評家になった時点で負けは確定**です。外野から口を出している理論家が、業界のメインストリートを歩んでいる人とはかぎりません。泥臭くても、ドタバタしても、ときにミスをしても、その行動から結実された仕事を受けた人が、メインストリートにいるのです。

とはいっても、自分の行動に対して、口を出されてしまうと、誰でもイヤな気持ちになりますよね。

たとえば、冒頭であげたように、あなたが靴底をすり減らして客先に通っている営業マンだとしましょう。それに対し、特に何の行動も起こさない人から、「そのやり方じゃダメだよ」と言われたらどうでしょう。**何もしていない人への「批判」の心が芽生えてしまうかもしれません。**

そういうときはグッと堪えるにかぎります。批判の言葉や思考は、悪い結果しかもたらしません。もし口出ししてくる人がいたら、「あーあ、あの人はいつも人に口出ししてばっかりでもったいない。もっと自分から行動を起こしたほうがラクになるのに」と考えてみましょう。すると、他人の批判がまったく気にならなくなるのです。

私の親がよく言っていましたが、「**よそはよそ。うちはうち**」という状態ですね。

結果が出ている場合、必ずそこには**地道な行動力**が存在します。反対に、外野から論じるのが得意な人は、結果が出ていない……ということが往々にしてあるようです。

皆さんは目的に向かって愚直に努力し、行動力を磨いていきましょう。

批判をしたりグチをこぼすヒマがあるなら、まずはとにかく動くべき。

■▶▶ どんな仕事も全力で取り組む 自己都合で力の配分をする

「単純作業」と「誰もが憧れる仕事」……どっちがイイ？

名刺整理やコピー取り、データ入力作業などの「**単純作業**」と、客先でのプレゼンやクロージング段階の商談などの**花形的業務**とでは、皆さんはどちらを好みますか？　またどちらのほうがやる気が出るでしょうか？　お若い皆さんほど、花形仕事のほうがより興味をお持ちでしょう。実際に力の加減を変えている方もいるかもしれませんね。

私が長年在籍しているコンサルティングの業界では、調査結果などの報告書をつくる業務にかなりの比重が置かれます。クライアントに提出する報告書や、大勢の役員が出席する経営会議でのアドバイス業務が、いわゆる「花形」業務と言える位置づけです。

何百人もの前で講演する仕事も「**華々しい仕事**」に映るかもしれません。

そのため、若手のコンサルタントはこぞってそれらの業務に就きたがるのですが、なかには、報告書やテキストを上手に書けない人もいます。

彼らの共通点は、普段の「議事録」をしっかり書いていないことです。報告書が花形業務であるのに対して、議事録は会議や上司・先輩に同行したときにつくるものであり、主に社内向けの資料です。彼らにとって**地味な作業**と映るのでしょう。

「議事録は**これくらいでいいでしょ。**コンサルティング会社に入ったからには、報告書のほうが大事。そっちの仕事を任されたときに頑張ればいいや」

しかしこう思った時点でその人の成長は止まってしまいます。彼が大事だと言っている報告書作成を実際にお願いしても、満足いくものは出てきません。

反対に、日々地道に工夫を凝らして議事録を書いているメンバーに報告書を任せると、即座に合格点の書類を完成させます。

この二者の違いは何でしょうか。

それは、**仕事の範囲を制限しているか否か**です。

議事録をおろそかにしている若手は、「ここまではやらなくていいだろう」と範囲を決めてしまっています。これでは、仕事の質はいつまで経っても向上しません。

一方、議事録でも報告書でも大事に取り組む人間は、「**どうやったらもっとよい状態になるか**」を探究し続けます。

つまり、いま取り組まなければならない仕事に対して、つねに、「もう一つ上の段階って何だろう？」「先輩に質問してみよう」「本などで調べてみよう」という創意工夫をしているのです。

たとえば、議事録はテンプレートをそのまま使うのではなく、グラフを貼ってみたり、ホワイトボードの板書の写真を挿入するなど、必ずひと手間加えるのです。

このように、「〝ここまで〟と思う以上のところ」に着手する行動を続けていけば、「いい仕事をした」と周囲から認められるようになり、仕事の質のアップにもつながります。

その結果、自分が手がけてみたいと思っていた報告書作成業務や経営会議への参画、講演などの仕事にたどり着くことができるのです。

一つひとつの仕事に対して、「前よりも、さらによいものを」という精神で。

「近い将来、自分が主役」を狙う
バカ正直に言われた仕事だけをこなす

誰もやっていない仕事こそ、あなたの主演舞台になる

「ほかの人の後ろについて仕事をする人」と、「誰もやっていないことをする人」では、どちらになりたいですか？　また、どちらのほうがより評価されると思いますか？　どちらがより楽しめるでしょうか？

読者の皆さんには、ぜひ「誰もやっていない仕事の先陣を切る」ことをオススメします。それによる成果は自身の体験から学びました。

私は広告会社を専門にコンサルティングしてきたのですが、広告業界では、２００８年当時、〝**専門で**〟**取り組んでいる人はほぼゼロに近かった**と思います。コンサルティング

という業種は、多岐にわたるコンサルタントが群雄割拠しているマーケットです。そんななか、**まだ着手されていない業種に絞って深く研究していったところ、ほかの業界のことは不得手でも「自分だけにしかできないこと」が増えていったのです。**

すると、「佐久間さんに頼もう」という広告会社の経営者が、引きも切らない状態となりました。

これは上司との関係でも同じことが言えます。たいていの若手ビジネスパーソンは、**先輩や上司の仕事を社内で下請けとして行うことが多いものです。**誠実で努力家な方ほど、「いまは修行のときだ。目の前のことをしっかりとできるようになろう」と考えます。渡された仕事をひたすら一生懸命やることが成功のセオリーだ、安定感のある人だと評価されやすいといった教えをよく目にしますが、これでは数年後、**手遅れになります。**

数年間の修行が終わって「さぁ自分が主役になれる仕事を探そう」などと思っても、あなたの活躍の場はもう残されていません。

若手のときから「**自分にしかできないことは何か**」「**この上司からの下請け状態を抜け出すにはどうしたらよいか**」を虎視眈々と狙わないかぎり、大きな結果など出せないのです。

反対に今度は、あなたが上司やリーダーになったときのために、上の立場の視点から見てみましょう。

残念なことに、「部下に自分の仕事を振るのが上司の役割だ」というカン違い上司が世の中には存在します。リーダーは「**部下が結果を出せる舞台を提供する**」ことが重要な役割の一つです。

部下は自分の仕事の手足ではありません。A君にはA君の、Bさんには Bさんの、マーケット（＝舞台）を上司のあなたが見い出し、結果への道筋を示すことが役割なのです。

さらに言えば、**部下がいかに最短で管理職へ昇進できるか**、これを考えるのが上司という立場の人に求められるスタンスです。

人の後ろをついてくるような仕事ばかりを部下にさせていると、それがクセになり、自立から遠のきます。部下、上司、どちらの立場においても認識すべきは〝**一人ひとりが主役**〟ということです。

「主役になれる舞台はどこか」と、部下自身がアンテナを張れるよう、日々のコミュニケーションを行うことが大切になるのです。もし、部下の力だけではその舞台を探し当てられなかったときは、スッとこちらから**救いの手を差し伸べてあげられる**ようになると、その後は好循環になっていくと思います。

人がやっている仕事をおざなりにしていいというわけでは決してありません。

しかし、ずっとそれでいいと思ってしまうのは、おいおい自分が苦しくなったり、困ってしまう事態になりかねないのです。目の前の仕事には責任を持って臨みながらも、虎視眈々と自分の舞台をつくることを大切にしていきましょう。

「自分の舞台」は、いまこの瞬間から探しはじめよう！

■ 会議では ビビってひたすら無言
▶▶ 会議で必ず一度は発言する

発言しなければ、いないのと同じ

皆さんは、会議の場で必ず発言をしていますか？　それとも何も発言をしないことが多いでしょうか？　私は自分が取り仕切る会議の終了後、一度も発言をしなかった社員がいたら、必ず、こう言います。

「何も発言をしないなら次の会議から出なくていいですよ」

会議の場で何も発言をしないのは、〝無〟に等しく、みんなにメリットがあるわけでもなく、邪魔になるわけでもない。言ってしまえば、「**いてもいなくてもいい存在**」です。

「悪意があって無言でいるのではない！」という方も多いでしょう。その心情はよくわかります。「難しい説明や重要な議題で内容がわからない」「自分の発言で何か重大なミスが起きたらどうしよう」と不安に感じた経験は私にもあります。**〝ビビッてしまう〟**という状態です。しかし、ここで〝ビビる〟矛先をこう転換させてほしいのです。

無言でいるほうが怒られる。無言でいることに〝ビビる〟ほうがいいと。

会議で何も発言しなければ、責任を回避できるように思えますが、それよりも大きいリスクがあります。無言でいると、「アイツは不機嫌そうだ」「会議の雰囲気が暗くなる」「無言の人間がいると、活発な意見が生まれなくなる」と思われる可能性があるのです。「役割放棄」と思われても仕方ありません。

本来、会議には、「**自分なりの意見を言う役割がある**」と認識して臨むのが前提だからです。

部長や課長、先輩社員がいるなかで発言するには、相当の勇気がいるでしょう。でも、自分なりの意見でいいのです。堂々といきましょう。ベテランにはベテランの、若手には若手の視点が必ずあります。**上司や先輩が気づけない視点が若手の方にはある**ものです。

年齢や性別が違うだけでも見ている視点は大きく異なります。それこそが会議で求められるのです。視点が合っているか間違っているかは、参加者それぞれの意見を吐き出さないことには何もはじまりません。

たとえ間違っていたとしても、「**そういう考えもあるのだな**」と周囲が認識でき、それだけでも発言した意義はあるのです。

会議で発言できるようになれば、ステップアップに必要な次の二つの変化が訪れます。

一つ目の変化は、**〝その他大勢〟扱いをされなくなる**ことです。映画で言えばひと言も話さないエキストラから、セリフと役名のある俳優へステップアップするのと同じです。

二つ目の変化は、会議の時間が苦ではなくなります。「早く終わらないかな」「眠くなってきた……」と感じなくなります。発言するためには、議論されている内容を咀嚼《そしゃく》し、自分なりの言葉を選択して発信しなくてはいけませんから、頭の回転が早くなります。会議の時間が、**ただ過ぎ去る時間から、成長する時間に変わっていく**はずです。

ここまで読んでも、「会議で発言する勇気が湧かない」という人は、まずは相づちを打ってみてください。心のなかで「私も同感」と思うだけではなく、**うなずいたり、実際に声を出して「私もそう思います」と言いましょう**。

そうすると周囲が、「あ、あなたもそう思いましたか？　では次は……」と会話の糸口をつくることができます。声を出すことで、自分の発言がスッと出てくるきっかけにもなるでしょう。

どんな会議であっても、**一度は必ず発言をする**と心に決めて参加しましょう。

ぜひこの第一歩を実践してみてください。

まずは会議で何か言う。慣れてきたらあなたにしか持てない視点を伝えよう。

■▶▶

「次はこうします」と前向きな報告「できませんでした」報告を延々と続ける

少しでも前進していくことが大事

次のやりとりは、とある会社の営業会議のシーンです。営業マンであるAさん、Bさんの二人の報告を見比べてみましょう。


Aさん：「新規のアポイントを10件試みましたが、不在が多かったり、いまは予算が取れない、仕事は依頼できないと言われ、**まだアポイントが取れていません。**

唯一、可能性のある会社があり、現在日程を打診中です。

しかし、会えたとしても**仕事につながるような気はしません**」

Bさん：「10件電話をかけてみたのですが、けんもほろろに断られました。
しかしやってみて**わかったことがあります。**相手がほしがる内容を提示できていないだけのようなのです。ただ会わせてほしいとお願いしても難しいので、**相手が私と会ってみたいと思うことは何なのかを考えてみました。**
相手のニーズを書いた企画書を作成して、来週送付してみようと思います。
もちろん手書きの手紙も加えて、丁寧なアプローチにしたいと思っています」

この時点で、二人に差が生まれたのがわかりますか？　さらに1週間後。


Bさん：「前回お伝えしたとおり、アプローチ方法を変えてみましたが、あまりうまくいきませんでした。企画書を送付したあとに電話をしてみたら、まだ封筒を開けていないという方が多かったのです。

つまり、内容が悪いのかどうかという段階に至っていません。

封筒で送ると中身が見えず後回しにされる可能性があるのだと思います。

よって今度は、透明の封筒で送付しようと思います」

そのさらに一週間後……。

Bさん：「**アポイントを2件獲得できました。**送付した内容がちょうど議題にあがっていたらしく、金額含め今後煮つめていきたいという話をいただきました」

さて、AさんとBさんの違いは何でしょうか。

Aさんは〝**できませんでした報告**〟。Bさんは〝**やってみて気づいたことがある。次は・・・こうします報告**〟という、たったこれだけで大きな差が生まれているのです。

Bさんは何度も改善を繰り返し、アクションを重ねます。Aさんは電話をかけてアポを取れなかったらそれまでと**終了ラインを勝手に設定**しています。

BさんのアクションはなにもウルトラCのような離れワザを投じたわけではありません。コツコツとちょっとずつ工夫を重ねていっただけです。

ビジネスの世界ではマーケティングや戦略という言葉が飛び交いますが、結果を出すポイントは、実はこのような**地味で泥臭い部分が真実である**ケースが多いのではないでしょうか。

実際には、Bさんのような小さな積み重ねができる人は少数派でしょう。だからこそ、その積み重ねはやがて仕事の品質をアップさせ、結果を出すことにつながりやすくなります。

少しでも前に進む人が、成果を出し、急加速で成長するのだ。

■▶▶

先回りして問題発生のリスクを下げる
トラブルに巻き込まれ、いつもツラい

問題は逃げれば逃げるほどあなたを追いかけてくる！

締切は守り、納品物もある程度の水準はクリアするものの、取り掛かりが遅いのが難点。皆さんの周りにもこんなリーダーはいませんか？　一人で何もせず抱え込み続けるため、必然的に納期が短くなり、巻き込まれる部下はいつも残業、残業で疲弊……。何が問題かを認識していながら、次のような理由にもならない言い訳で放置していませんか？

- ・問題を前からわかっていたのだけれど言いづらい
- ・リーダーに対して物申す状態になると、睨まれて余計仕事がやりづらくなる

仕事のポジショニングを波乗りに例えると……

このように、その問題の中枢に誰一人として突っ込まなければ、どんどん事態は悪化していきます。腫れものにさわるように、その問題を避ければ避けるほど自分を苦しめることになるのです。

ここで取るべき行動は、**あなた自身がその問題にふれて、かき回すこと**。その発端に自らなること。あなたから波を起こすのです。

その行動の結果、あなたは巻き込まれる側から解決する側に次第にシフトしていきます。波にもまれて混乱するというストレスから解放され、こういう対策を取ってみようと冷静沈着な自分になっていることでしょう。

このような考え方は、「仕事のポジション

の取り方」として、実際に波（乗り）に例えることができます（前ページ図）。

①波の先端：お客様や上司に言われる前に先回りして勝手に（もちろんよい意味で）次の策や課題の解決策を提示している位置。全体がうまく進んでいく

②波にもまれているポイント：仕事が混沌としているど真ん中で、緊急対応やその場しのぎの対応が多い位置

③波の後ろ：すべてが後手に回っている状態。始終バタバタしてミスも起きやすく怒られることも多い。時間に追われている状態。悪循環を生み出しやすい位置

実のところ、②や③の位置のパターンがとても多いのが現実ではないでしょうか。ここにいるのが一番苦しいところなのです。少しでも何かを踏み外すと精神を病んでしまったり、退職を考えたりということまで発生するゾーンでもあります。望むらくは、①の「波の先端」で仕事をすることですね。

にもかかわらず、「**仕事とはそういうものだ、仕方がない**」と諦めている人が実に多い。「**それを打破する力も自分にはないし、自分がその立場を担うなどおこがましい**」とさえ考え

ている場合もあります。

それこそがいらぬ遠慮、いらぬ憶測なのです。

おとなしいことが行儀のよいことではありません。逆に、ビジネスの現場では波にもまれて自分が苦しい思いをするリスクが高くなることを十分に念頭に置いておきましょう。

「リーダーAさんのスタートが遅い」のが問題ならば、波の先端に位置どるべく、まずは、コミュニケーションを密に取ること。その行動を堂々と選択しましょう。それがデキる人の行動力なのです。

問題があるなら、自分がそれを「かき回す！」くらいのスタンスで進めよう。

⏹⏩ 手段を選ばず自信を持って提案する 中途半端な提案で相手を不安にさせる

よいものはよい、と胸を張ってオススメしよう

皆さんが商談するとき、どちらのビジネスパーソンのほうが安心感を覚えて、「よし！」と決断できるでしょうか。

・申し訳なさそうに説明するビジネスパーソン
・自信満々で楽しそうに説明しているビジネスパーソン

もちろん後者ですよね。あなたが提案する立場になったときには、遠慮せずに堂々と提案しましょう。**結果を出すビジネスパーソンほど遠慮はしません。**申し訳ないという考え

は毛頭ありません。なぜなら悪いことをしているわけではないからです。

では、実際に、「えっ!?　そんなことする人が世の中にいるの!?」と驚かれるくらい、自信満々な営業マンのエピソードをご紹介しましょう。

あるギフト商品の卸売企業であるA社では、創業以来どんなデキる営業マンがアプローチしても会うことすらできなかった、B社という企業があったそうです。そこにA社の営業マン・Cさんが名乗りをあげました。

「そのクライアント、**私が開拓してきますよ**」

誰もが「どうせ無理」と思いました。

なぜならそのフロアにいる部長クラスのほとんどが、若かりし頃同じことをチャレンジし取引に至っていないからです。自分たちが体験しているからこそ、**どれだけアプローチしても門前払いされる風景が浮かんできます**。

Cさんが行ってみてもやはり同じでした。何回訪問しようが、会ってもらえないのです。会おうとするだけでも大変なのですから、取引となるとまた別の壁がそびえ立っているに違いありません。

周りがそう思う一方で、Cさんは別の考えを持っていました。

「会うことさえできれば自信がある。どうにかなる。キモは会えるかどうか、この一点なんだ。どうやったら相手の心が『会ってやろう』と思うまでに動くか……」

そこでまずCさんがひらめいたことは、お客さんであるB社の商品をとことん知ろうと考えました。B社は家具や雑貨の取り扱いが多い企業です。

あなたなら、向こうの商品を知ろうと思ったらどうしますか？　売場を何回も見に行く、カタログをすべて見る、いくつか商品を買ってみる……などでしょうか。

しかしそれでは**ふつうの営業マンと同じなのです。誰もが試し尽くした方法なのです。**

Cさんはどうしたかというと、なんと、**40万円分の商品をその企業の店舗で購入した**のです。当たり前ですが、Cさんの自宅は、B社の商品で埋め尽くされました。

彼の行動は非常に合理的です。なぜなら、相手と取引をしたいと思ったらまず**相手の商**

品を知ること、**相手の商品を好きになる**ことがその第一歩なのですから。

さらにCさんの計画は進みます。今度は、40万円分のレシートに直筆の手紙をつけて先方に送ったのです（しかもホチキスで留めたというから少し笑ってしまいます）。

手紙は次のようにしたためました。

「私の家はいま御社の商品で溢れかえっています。ここまでしても会うことすらかなわないのでしょうか？　どうにか一度だけお会いさせてください。会って断られるなら私もまだ納得がいきます（中略）」

その手紙を送った数日後、Cさんの〝相手の商品をとことん知る〟という想いが通じました。会社にいたCさん宛てに一本の電話が入ったのです。

「Cさん、B社の部長からお電話です」——。

一瞬フロアがざわつきました。それもそのはず。その電話の主こそ、アタックしても玉砕してきた張本人であり、まして向こうから電話をかけてくるなどありえないと思っていた客様だったからです。

「まさか、本当に開拓したのか……」

周りは驚きを隠せません。Cさんはそのときのフロアの雰囲気が快感で、まさに「どうや、俺やったで」という気分だったそうです。

その一本の電話から数十年経ったいまでも、毎年取引が続いているそうです。

Cさんは、相手にとって迷惑な商品を売ろうと思っているのではなく、至極まっとうな商品を提案したかっただけなのです。相手にとっても時間のムダにならない自信があったからこそ、なんとしてでも商談までたどり着きたかったのです。

だから40万円分のレシートをホチキスで留めて送付するというアクションまで思いつき、実際に行動に移してしまうのです。

お客さんからしても、「**そこまでやってくる営業マンであれば取引開始後も、かなり全力で取り組んでくれるのではないか**」「ほかの企業の営業マンを上回るサービスや対応をしてくれるのではないか」という期待感すら生まれると思います。

現に取引は開始されました。アプローチが迷惑だったり、イヤだったりしたなら、わざわざ電話などしてこないはずです。

中途半端なものは誰しもイヤです。図々しく提案してくるなら、とことん図々しさを貫いていくほうが相手に驚きを与え、喜ばれるのです。**中途半端さは相手に不安を与え、拒否するチャンスを与えてしまうのです。**

自分が相手にとって求めてもいない遠慮をしていないか、再度見つめ直してみましょう。

お客様を思っての提案は堂々と行ってこそ、相手も喜ぶ。

■▶▶

決めゼリフで相手に決断を迫る いつも尻込みするだけ

大事な局面こそ前に出るべし！

突然ですが、あなたはいま、大事な案件が決まるかどうかの瀬戸際に立つ営業マンです。商品説明などを経て商談は進み、金額も提示しました。すると、お客様からこんなふうに返ってきたのです。

「ご提案ありがとうございます。検討してまた後日ご連絡させていただきます」

あなたなら何と返すでしょうか。

お客様への遠慮から、「ではご返答お待ちしております。今日はありがとうございました」

と言って、おとなしくその場をあとにするのが精いっぱいかもしれません。誰しも痛い目には遭いたくないですから当然と言えば当然の対応です。

でも内心は、（発注いただけるのかどうなのか。どっちなのだろう。連絡はいつくるのだろう――）と焦るばかり。

一方、**結果を出している人の多くは、自分なりの決めゼリフを持っています**。その一部を例にあげてみましょう。

「見積有効期限は今日です。明日になると値上がりします」（これはかなり強気の例）

「いま決めるその決断の早さも成功の秘訣の一つですよね。

時間をあけると結局課題が放置されるのがまた続きますから」

「実施の確率、99・何%ですか？　それだけ教えてください」（これは笑いが起きる）

「……（ひたすら沈黙）」

「で、どうしましょう」

「いま決めていただけませんか。断られるなら、いま断られたほうが清々しいです。

「だって決めるのは目の前にいる○○さんなのですから」

このような、結論を迫るアプローチをすると、メリットが生まれます。

あなたが営業マンなら、明らかに契約率を上げることができるのです。

なぜかというと、**お客様はなんだかんだいって、最後に背中をひと押ししてほしいと潜在的に思っています**。決断の勇気がなかなか出ないお客様にとって、「そうですね、そうそう決められないですよね。ご検討いただいてまたご連絡を……」と同調してしまう営業マンでは、何か物足りない。

前述の「決めゼリフ」はそんなお客様に対して、決断を促す誘発剤の役割をしているのです。ですから、良かれ悪かれ自分なりの決めゼリフを設定しておくことで、お客様との折衝などの場面で一歩前に出ることができるのです。

「一歩踏み出すことは失礼なのでは？」と定義していることでも、それは間違いであることが多々あります。
お互いのためにも歩み寄り、その場で「結論はどうなのか」を論じたほうがよいのです。

遠慮をしたほうがお客様にとって迷惑なことも。要望をはっきりと述べるべき。

■▶▶
「YES／NO」をはっきり聞く
相手に感想しか聞かない

はっきりしない人は、イラッ！　とされる

前項でご紹介しましたが、相手に決断を迫るときには、それ相応の決めゼリフを準備しておくとよいのでしたね。本項では、さらに深掘りして、**相手が「OKなのか？　ダメなのか？」**、どちらなのかをはっきりさせる行動力を磨いていきましょう。

一番わかりやすいのは、プライベートの場面でしょうか。たとえば、いまあなたには、「どうしても付き合いたい」と思っている異性がいます。そんなとき、次の2パターンのアプローチ方法ではどんな違いが出てくるか考えてみましょう。

①：「ボク（私）のこと、どう思っている？　どんな印象？」
②：「この数ヶ月何度か一緒に過ごして、○○さんのことが本気で好きになりました。真剣にお付き合いをしてほしいです。よろしくお願いします」

人により多少の好みがあるにしても、①の場合、相手は答えようがありません。「煮え切らない」というイメージさえ抱かれてしまう恐れもあります。

一方②だと、**相手の返事は「YES」か「NO」のみに絞ることができるのです**。確率は半々ですが①よりは「お付き合い」というゴールにグッと近づくでしょう。

これをビジネスシーンに置き換えても同じことです。

あなたが渾身のプレゼンをお客様にしました。前述の恋愛と並べれば、「お付き合いをする＝新たな取引をする」がゴールとなります。

ダメなアプローチは、前述のとおり、「どうでしたか？」と**感想を聞いてしまう**ことです。

クライアントからは、次のような曖昧な答えしか返ってきません。

「ええ、よくここまでつくってくれましたね。特に数字を根拠にしているところがよかったですよ」

こうなっては巻き返しは難しいでしょう。あとは談義が続き、決まり文句の「検討して後日ご連絡します」が返ってくるだけです。

考えようによっては礼儀正しく、正解のようにも思えますが、実際は違います。本当に得たいのはプレゼンの感想ではありません。ほしいのはＹＥＳの言葉です。

「YESですよね、取引開始ですね、次のミーティング日を決めてしまいましょう」

これが商談の最後に必要なのです。

答えを求めすぎると「で、どうなの？　ＯＫなの？」と相手に詰め寄る感じがしますよね。躊躇して答えを聞きづらいと思うのもわからなくはありません。が、しかし！　いまから完全に切り替えましょう。

詳細は後述しますが、**自分が魂を込めたこと、努力をしたこと、提案をしたことは、堂々**

と相手に答えを求めていいのです。あなたにはその権限があります。

むしろ、**答えを曖昧にする相手のほうが失礼だ**くらいに思ってもよいのです。正面からぶつかった結果がＮＯという答えなら、それでもいいのです。

そこに踏み出す勇気と潔さが、次のあなたのステージをつくることにつながります。

最終局面では白黒はっきりつける。この勇気が大切であり、それが自然とよい結果をもたらすでしょう。

答えを曖昧にしようとする相手こそ、ビジネスの場では、失礼なのかもしれない。

■▶▶ 決裁権者にでも強気で出る 決定が下されるのをただただ待つ

ここぞ！ というときに要望を言わないと悔いが残る

あなたが社会人ならば、面接試験の経験はあるはずです。面談が終了し、合格か不合格かの連絡を待っているときのあの緊張感は、できればあまり味わいたくないものです。

しかし、これらを一切経ずに面接を通過した人がいます。簡単なことで、**面談のその場で合否を聞き出した**のです。彼にとって重要な場面で踏み出した発言をしたまでのこと。

中途採用面接を受けたAさんは、妻子持ちの当時31歳でした。前の会社を辞めて転職することは大きな決断だったに違いありません。うまくいくという確証がないなかで、それでも「あの会社に入りたい」という想いから決意したそうです。

またAさんにとっての転職は、前職と同じことをしたいからではなく、「この人と働きたい」と思う人のもとで働くことが第一条件でした。

そんななか、Aさんの面接試験に最初に立ち会ったのが幹部社員のBさんです。Bさんは当初、彼の熱心さに魅力を感じ、「その熱意が本物であれば採用」と伝えましたが、「入社できたとしても自分の部署ではないな」と判断しました。Bさんの部署と、Aさんの前職の業種がまったく異なっていたからです。やはり養う家族がいる身では難しいでしょう。前職での経験を活かし、転職先でも早く結果を出して、安定を求めるのが一般的な考え方です。

一方Aさんが、「この人と働きたい」と思ったのは、幹部社員Bさんでした。彼は再度Bさんに面接を申し込み、さらには、**自分の本気度を見せるために、レポートまでつくってきた**のです。

その幹部社員は少し困惑しました。正直なところ、まさか戻ってくるとは思ってもみなかったからです。しかしながら、冷静に見て、自分の部署に採用しても苦戦することが容易に想像できます。一旦持ち帰って断ることを検討したほうがよさそうです。

「Aさん、かしこまりました。いただいた内容を見て合否を判断し、後日こちらからご連絡させていただきます」

面接では必ず耳にする最後の締めの言葉ですね。落ちる人も受かる人も同じように言われているはずです。しかし、そこでAさんは面接官のBさんへ次のように言ったのです。


「いま、決めてください。

持ち帰られて決めるというのはどういうことでしょうか。

決めるのはBさんなのですよね？

Bさんと一緒に働きたいというのが私の本心だと確信し、行動を起こし、今日ここにいます。私は本気です。これ以上はもうありません。だから**受かるのか落ちるのか、いま決めてもらえないでしょうか」**


Bさんにとって面接でこんなシーンははじめてでした。そしてハッとさせられたのです。

日頃現場で大切にしていることは、相手に決断を持ち帰らせないこと、まさに、いま言われていることは、いつも強気な自分の行動と同じだと感じたのです。自分が言われる側にまわった瞬間でした。と同時に、Ａさんの採用を決断したのは言うまでもありません。

最終局面で、相手に一歩踏み出し、「いま決めてください。こちらは本気です」と言える胆力は魅力であり、そこにかけてみようと思わせるに十分な迫力があったのです。

その後Ａさんは、通常5年ほどかかるところをわずか3年で、Ｂさんと同じ幹部社員にまで昇進しました。


普通だったら尻込みしたり、人に委ねてしまう場面で、Ａさんは強気に出て主導権を握ることができました。その勇気と行動力、皆さんもマネしてみませんか？

たとえ向こうに決定権があるとしても、自分の考えは主張すべき。

面接対策の本は読まない 面接マニュアル本に忠実

マニュアルどおりなんてつまらないだろ？

続いて今回も面接試験のシーンのお話です。

面接の前になるとマニュアル本を購入して、それを実践された人が多いのではないでしょうか。そこで振り返ってほしいのですが、**マニュアル本に従った結果はどうでしたか**？

私自身、現在は採用する側にいるので、さまざまな人を面談してきました。そのなかでも非常に印象的だった男性の話をお話ししましょう。

ある日面接の場に現れたAさんは、ネクタイも締めず、色や柄が入っているボタンダウンのシャツを身につけ、鞄も黒のリクルート鞄ではありません。肩からはオシャレなショルダーバッグ提げ、**まるで私服のような出で立ち**でした。

しかし、第一印象としては悪くありません。清潔感があり、度を過ぎるほど相手に失礼なイメージを与えるものではなく、むしろ「オシャレなビジネスパーソン」という表現が似合うほどです。

私が思わず、「Aさん、服装ラフですね。意図的にそうしているのですか？」と聞くと、次のように返ってきました。

「そうです。意図的です。**ほかの人と同じだったら採用されないじゃないですか**。採用されるのは一人か二人ですよね。周りと同じことをしても埋もれてしまう。

「そうなると、短い面接で私の存在を覚えてもらえないと思いまして。あとは日々の自分の個性を知ってもらうことが採用の段階においても必要だと思ったので、あえてこうしています」

もちろん採用は服装がすべてではありません。Aさんは見た目だけではなく、面接の内容自体も〝規格外〟のものでした。採用者である私の発言に対し、反対の考えを出してくるのです。たとえば、次のような感じです。

「**通常はこうですよね、でも私は、こちらのほう**がさらによいと思うのです」

同じ意見は誰も求めていません。同じ考え方だけでは、ただの現状維持にしかならないからです。そこからさらにプラスアルファが求められます。採用面接の場で彼のように、新しい風を巻き起こす可能性を感じさせてくれる人は重宝されます。「あ、この人のこういう考え方、こういう行動力ならば入社してからも活躍してくれるな」と思わせることができるのです。実際に彼は合格となりました。

私自身も船井総合研究所といういまの会社へ転職するときに、Ａさんと同じような考えを持っていました。

「ほかの人と同じではいけない。受かるために少し違うことをしよう」と。

そう決めてまず行動したことは、当時東京駅構内にあったラーメン屋さんに、開店から閉店まで1日中待機し（もちろん店内ではなく入口の外）、客数や客層を調査しました。それをもとに、改善点とそれを実現した場合の売上と利益の予想までを、グラフにしてレポート化したのです。

もちろん、試験官にレポートを出しなさいなどとは言われていません。

そんなレポートを図々しく出している採用者は私の見るかぎりいませんでした。

面接をしてくれた上司に、後日「なぜ私を採用してくれたのですか？」と聞いてみました。

「あのとき佐久間、レポート出してただろ。**頼んでもいないのに勝手に。**

内容はどうあれ、そういうことを思いついて行動することが面白いなと思って。この人なら仕事を全力でしそうと思ったんだよね」

おそらく私と同じタイミングで、100名くらいは採用面談を申し込んでいたと思われます。グループ面接で一緒に面接に臨み、横で話を聞いていると優秀な人ばかりでした。しかし、そのとき合格したのは私を含めて二人だけです。

あんなに、転職への想いを理路整然と語っていた人たちが、みんな不合格だったのかと入社して気づきました。

もし、私がマニュアル本を読んでいたら、「頼まれてもいないレポートを提出する」なんて行動には出なかったでしょう。たいていのマニュアル本には、「指示のあった範囲内でのアピールにおさえる」といった主旨が多いからです。

カジュアルな装いのAさんも、もし面接の本に書かれているとおりの服装できたら、面接官の目にも留まらなかったかもしれません。

実はこれが現場の真実なのではないでしょうか。

もちろん、面接のマニュアル本に書いてあるとおりにしておけば安心です。礼儀作法としても実際に参考になる部分もあります。しかし、それだけが合格の要素ではないのです。

誤解を恐れずに言うならば、面接マニュアル本はその逆を考えるために読む本。**面接マニュアル本に忠実すぎたら受かる確率は下がる**、それくらいの捉え方をしたほうがよいように〝私は〟思います。

世の中の常識が、いつも正しいとはかぎらない。

自信60%で行動に出る 確率90%でも自信さえ湧かない

Success Person 01

成功した事業を捨ててシリコンバレーに乗り込んだ日本人！

成功している人は60%くらいの確信で行動に移すとよく言います。90%までいったら、それはもうほかの人が手がけていて手遅れであると捉えているのです。

本章の締めくくりとして、実際にその考えで行動に移した方をご紹介しましょう。

アメリカの「シリコンバレー」と呼ばれる地域をご存じでしょうか。やApple、Google、Evernoteなど世界屈指のＩＴ企業が集結している地域です。世界中から成功を夢見て大手企業やスタートアップ企業が進出する聖地とも言えます。

そんな強者ぞろいのエリアへ日本から参戦したチャレンジャーをご存じでしょうか。

「ChatWork（チャットワーク）」という、WEBのチャット機能を用いた業務の効率化やコミュニケーションの円滑化を図るシステムを事業にしている会社の山本社長です。

「シリコンバレーに進出するIT企業の社長」というと、さぞかしハイスキルを身につけていると考えてしまいますね。システムエンジニア出身とか、自作プログラムをサクッとつくってしまうとか。私はそんなイメージを持っていました。

しかし山本社長はすべてその逆をいきます。プログラミングどころか、パワポやワード、エクセルさえ使えません。英語も当時は話せなかったそうです。

日本でのビジネスは軌道に乗り、周囲から見れば成功企業でした。にもかかわらず、**チャットワーク事業以外の全てを捨てて**アメリカへ移住したのです。大事な奥様とお子様がいらっしゃる身で。

なぜ山本社長がそこまでの行動に出たかというと、その根幹にビジョンがあったからです。それが彼の自信だったのでしょう。山本社長のビジョンは、壮大なものでした。

「チャットワークで世界の働き方を変える」

このビジョンを達成しようと思ったら、日本を飛び出して世界で挑戦するのは、至極自然なことだったのです。

これが日本だとどうでしょう。山本社長はシリコンバレーと日本の違いをこう語ります。

「日本では〝世界を変える〟なんて言ったら変な目で見られ、ひどいときには揶揄される対象にさえなります。しかしシリコンバレーではそれは当たり前のこと。そのためにみんなやっているのだろう？　というくらいの感覚です」

「日本はチャレンジする人が少ないのではなくて、チャレンジしづらい雰囲気をつくっている」

世界で成功するビジネスの聖地、シリコンバレーのスピリットは、どんどん前に出てチャレンジすることが基本です。

山本社長は、2012年にアメリカへ渡ってから、2016年現在もなお、シリコンバレーで最先端の知識と技術に刺激を受けつつ、「日本発、世界のインフラとなるサービスを提供する」ことを目標に、挑戦し続けています。

ときに「えいや!」と新天地へ飛び込む勇気が、成功を招く。

第2章

急加速で成長できる！
仕事力アップの「考え方」

急加速で成長できる

■▶▶

自分がこうするべきと思ったことを貫く
周りがこうするべきと言ったことに従う

相手に反論されたからといって変えなくてもよい！

毎日の仕事の現場では、意見や提案を求められることが少なからずあると思います。そんなとき、皆さんは次のどちらのやり方で自分の考えを示しますか？　また、どちらのほうがより周囲から喜ばれたり支持されたりするでしょうか。

①選択肢を多数あげて、相手に結論を出してもらう
②これがベスト、という自分の意見や結論を持っている

多くの人が①のやり方をとっているように思います。相手が選んだほうで仕事を進めて

いくので、周囲からは「仕事がデキる人」と評価されがちですが、実際は〝ある程度〟の評価なだけであって、**本当に大事な場面で頼られる存在にはなり得ません**。

皆さんはぜひ②のように、自分のなかで確固たる意見を持ち、それを貫くことをオススメします。しかし、それはなぜでしょうか。わかりやすい実際のエピソードがありますので紹介しましょう。

ある大手企業が広告会社を募りコンペを開催しました。コンペとは複数の企業に競わせて、ベストな提案内容を採用する仕組みのことです（下図）。

知っているようで知らない！「コンペの仕組み」

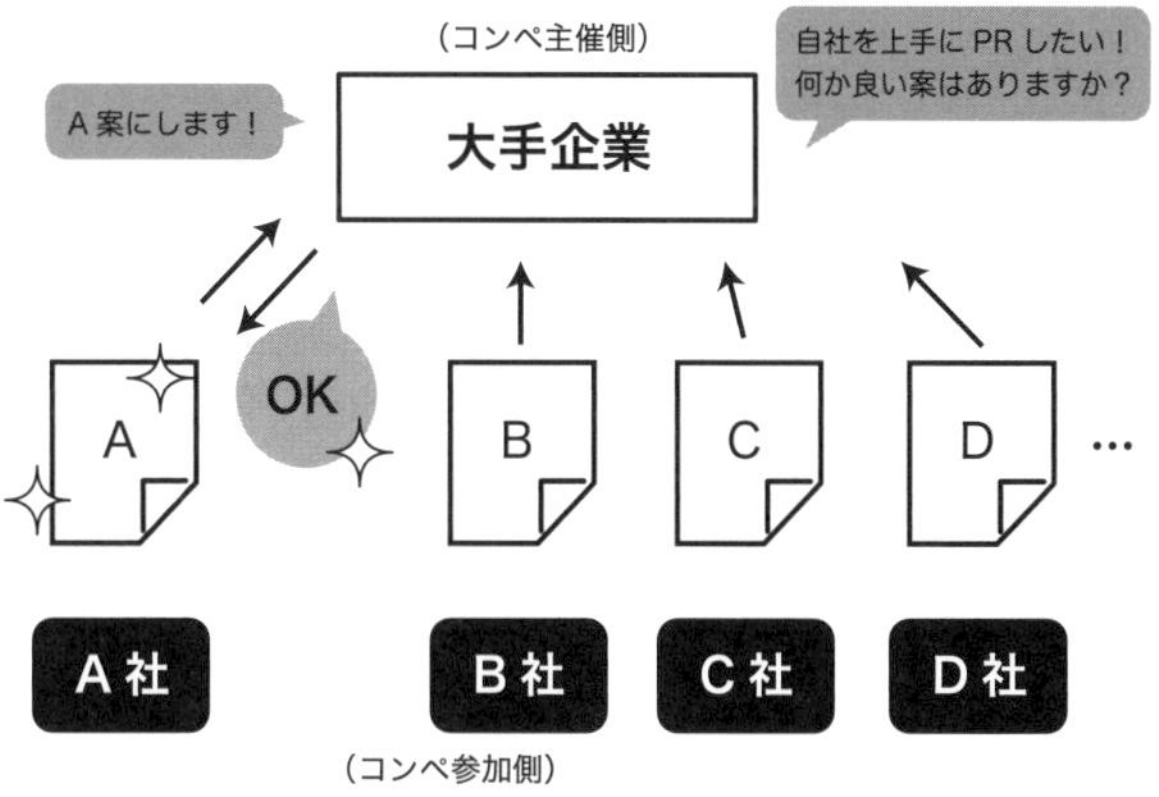

コンペに参戦する広告会社側からすれば、何としてでも勝ちたいため、たくさんの案を出して採用される確率を上げようとするのです。キャッチコピーは多数あり、色も青や赤など多岐にわたります。起用するタレントも、何人かピックアップしたうえに「違う人でも交渉はできます」……といった感じです。まさに、〝選択肢のオンパレード〟。

クライアント側もたくさんの選択肢があったほうが選びやすいだろうという配慮の気持ちもあるのかもしれません。

しかしそれは**広告会社側の思い込みであり**、クライアントが何案も出してほしいと指示してくることはまずありません。

そんななか、**デザイン案を一つしか出してこなかった**会社が一社ありました。

どうしてそのような行動を取ったのでしょうか。

「採用するクライアントのことを本気でとことん考えたら、この企業にとってのベストはこれしかない！」というところにまでたどり着いたからだそうです。

その考え方や提案内容に感銘を受けたクライアントは、その広告会社の案を採用しました。しかし**これだけでは終わりません**。

その後、クライアントが「ここの色をもう少しこうしてほしい」「キャッチコピーも文字も、もう少し大きくしてほしい」といった要望を出しても、出てくるデザインが前回とまったく同じなのです。一切修正が加えられていなかったのです。不思議に思ったクライアントがどうしてなのかを聞いたところ、広告会社からこう返ってきました。

「言われたことをいろいろと試してはみたのですが、少しでも修正を加えると、どうしてもベストな状態から遠ざかってしまいます。最初の提案の段階で、これ以上はないというくらい私たちのなかでは考え尽くしているのです。どこかだけを変更してしまうと全体の品質を下げてしまうので、どうしても私たちにはこれ以上のベストがわかりません。**自分たちがベストと思わないものをお出しすることはできかねます。**一部修正を加えたとすれば、英字に少しだけ丸みを帯びさせました。そうするとベストな世界観にさらに近づくと思いましたので」

英字の修正はクライアントは依頼していません。ということは、クライアントの修正依頼は何一つ反映されていないのです。

クライアントは唖然としてしまいました。

（**自分たちが顧客側なのに**……。いままでの広告会社は当たり前のようにすぐ修正に応じてくれた。何なのだこの人たちは。でも、たしかにこのデザインの世界観は素晴らしいように思う）

広告会社とすれば、別にワガママや横暴からではなく、「これがベストだ」と、心から思っての発言だったのです。その言葉は純粋で、**プライドが備わっている**ことはクライアントにも通じました。

結局、最終的なデザインは初回のそれと寸分違わないものだったといいます。

その出来上がりを見てクライアントも彼らが言っていた「ベストな状態」に納得したそうです。「この世界観を目指していたのか！」と。

その二社では、その後大変長い取引が続くことになります。初回のデザイン案で、企業イメージを向上させることに大成功したからです。それは広告会社のこだわりが大きく影響していたことは誰の目にも明らかでした。

いまでは、この広告会社は、ソフトバンクや、ＡＮＡなど、日本では誰もが知る大手企業の広告を手がけています。

国内トップクラスにまで上りつめた要因は、自分たちのなかで考え尽くした〝ベスト〟を貫いているからに他なりません。周囲の意見に従うのではなく、**自分なりの最高の結論を持つことが成功への近道**なのです。

相手の言うとおりばかりでは、最高のものは生まれないし、つくれない。

憧れの人に勝って、敬意を払う
憧れの人は永遠に憧れのまま

勝負の世界では、勝ちにこだわれ！

「憧れの選手と対戦できて嬉しいです」

スポーツ選手がこう発言するシーンをよく見かけますが、そう話す彼らが相手に勝ったところを見たことはありますか？

日本代表に選ばれて、「海外で活躍する有名な選手と、一緒にプレーできて嬉しいです」と言っている人がいますが、彼らが日本代表で活躍したり、中枢のプレーヤーになったりしているでしょうか。

ほとんどのケースで、負ける側にまわっているように思います。

なぜなら、スタート地点も設定しているゴールも低いからです。

前の例で言えば、試合なのですから、**相手に勝たなければなりません**。たとえ、その人が「憧れの存在」であってもです。それなのに、潜在意識のどこかで、はじまる前から「負けても仕方ない」と思っているようでなりません。むしろ、勝ち負け以前に「**対戦できただけで満足**」という状態なのではないでしょうか。

こう思う心理には、「相手を持ち上げなくては〝おこがましい〟と思われるのではないか」「場合によっては失礼にあたるのではないか」という遠慮や懸念があります。

これはビジネスシーンでもよく見られる光景です。しかし、このままではいつまで経っても変わることはできません。「**憧れのアノ人を超えてやる！**」くらいの勢いが必要です。

間違ってほしくないのは、尊敬の念を捨てろという話ではありません。相手の能力を敬うことは大切です。その想いが本物ならば、**尊敬する相手を超えるという意気込みを持ってこそ、「真の尊敬」と言える**のではないでしょうか。

〝ああいうふうに自分もなりたい〟と思う対象が理想像であり、人は尊敬や憧れの念を持ちます。本気でそう思うならば、それを実証することで、尊敬の意を表すことができるのではないでしょうか。

あなたの上司や先輩だって、「**もっとガツガツ前に出てこいよ！**」と思っているに違いありません。「指示を待つのではなくて、**予想して先に動き出すくらいの多少の勝手さ**があっていいんだよ！」と、心のなかでは叫んでいます。

1章でもお伝えしたとおり、**いつまでも自分の後ろを歩んでほしくはない**のが本音なのです（20ページ参照）。

それでもまだためらいがある方には、よい方法をお教えしましょう。次の言葉を一人でいるときに、10回言葉に出して言ってみてください。

「○○さん（＝憧れの人）**に絶対に勝つ。勝てないわけがない」**

いかがでしょうか。これでも抵抗がある人は、次の言葉も足してみてください。

「〇〇さんに勝つ。**追い越してこそ、あの人を尊敬するということなのだ**」

独り言ですから誰にも迷惑をかけませんね。

言葉は言霊。言ったことがいつしかあなたを成功に導くはずです。


憧れのままでは、いつまでもアナタが成長できない。追い越す意識が必要だ。

一つだけ最高点を目指す
すべて平均点を目指す

一つでもいいから得意なものがあるか!?

キラリと光るものを持っている人、頼りたくなる人……。そういう人は大概**何か一つだけ突出した長所を持っています**。

身近なところではタレントやミュージシャンがわかりやすいのではないでしょうか。

・底抜けの明るさならローラさん
・グルメ関連といえばアンジャッシュの渡部健さん
・体を張った芸なら出川哲郎さん
・恋愛ソングなら西野カナさん

このようにいくらでもあげることができます（あくまでも、私のなかのイメージですが）。

反対に、「ある程度ギターも上手だ、歌も音ははずさないし、外見も悪くはない」。そんな**すべて平均的な**ミュージシャンがいたらどうでしょうか。魅力を感じるでしょうか。もしそんなアーティストがいても私は少しも心惹かれないでしょう。

ビジネスでもこれは同じです。ＷＥＢの料理レシピサービスならクックパッド、帽子のことなら圧倒的品揃えを誇る専門店のＣＡ４ＬＡ《カシラ》、靴下の専門店として成長を遂げたＴａｂｉｏ《タビオ》……。

世の中で評価されている人や企業には、何か一つ秀でたものを身につけているケースが多いのです。

これら著名人や有名企業は、他者に評価されようと思ってこのような特徴が身についたわけではなく**自分らしく、楽しく、心地よく進められることに注力していった**結果、それが周囲から評価される長所となっていったというケースが多いのです。

例えば、左ページの表にもあるとおり、「仕事の処理スピードが早いけど、それを人に教えたり、人を育てたりするのは苦手」というAさんがいたとします。明日までに仕上げなければならない資料があったら、誰しもが迷わずAさんをアテにするほどです。

頼む側も「Aさんは人材育成に向いてないから、スピード重視の仕事はお願いできない」と、いちいち考えたりはしないでしょう。「それとこれとは別」です。

苦手なことや短所に引きずられて、任された仕事を逃すことは、Aさんにとっても喜ばしいことではありません。それよりは、**長所を伸ばし人の役に立つほうがよい**はずです。

ほかにも、長所にはさまざまなパターンがありますから、左ページを見ながら、自分の長所がどんなときに役立つかを考えて、長所伸展を目指しましょう。

一方で「**平均的な人**」は、なんでもかんでも「ある程度のものにしなければ」といって、自ら平均点を目指す傾向にあります。そうなると必然的に、「自分の悪いところはどこだろう?」「何を直せばいいのだろう?」……と、短所是正の思考回路で堂々巡りがはじまってしまうのです。

これでは日々自分の悪いところとばかり対峙しなくてはならず、楽しい人生にはなり得

苦手分野よりもまずは長所を活かそう！

	苦手なコト→注力しない	長所	頼られポイントや将来像
Aさん	人を育てるのは苦手	仕事が早い	急いでいるときに頼られる人になる
Bさん	プレゼンなど人前であがってしまう	キレイな資料をつくれる	会議資料、プレゼンで頼られる人になる
Cさん	総務・経理など社内向けの仕事への意識は低い	プロモーションの知識が一番高い	企業の販促部のマネージャーなどになる
Dさん	資料作成などを自ら行うことは不得手	人のモチベーションをあげるのが上手	人材開発部や上司になっていく人
Eさん	別の人が取ってきた仕事や、社内下請けには興味がない	テレアポやらせたら右に出る者はいないくらいアポイントを取る	新規営業で頼られる人
Fさん	お客様との接待など最前線の仕事には及び腰	スケジュールを破ったことは一度もなく安定感抜群	正確で細かさが求められる総務系の仕事に向いている

ません。

短所是正よりも長所伸展、短所が見えなくなるくらい長所伸展。

これをつねに自分の心に言い聞かせましょう。すぐに思考回路を100％切り替えることは難しいとは思いますが、大切なのは**シフトしようと意識すること**です。その積み重ねで少しずつですが、よい変化が表れるに違いありません。

また、それと同時に二つ気をつけたいことがあります。

一つ目は、**周囲の人と接する際にも、その人の短所ではなく長所を見るようにしてほしい**のです。「短所は気にならない」くらいのスタンスで過ごしていると自然とプラスの事象を引き寄せることもできます。

二つ目は、「短所は気にしない」と言いましたが、**赤点は例外**です。

たとえば、他人の誹謗中傷をするとか、いつも遅刻ばかり、社内の必要書類の未提出など、基本的なルールを守ることは大前提です。礼儀やマナーを欠いているものは短所ではなく非常識に該当しますから間違えないようにしましょう。

そこまで至っていなければ、苦手意識があることに目を向けるよりも、長所を伸ばすことに集中させたほうが後々自然と短所も直っていくものです。

短所が見えなくなるくらい、自分のよいところを伸ばしまくれ。

■▶▶

ミスしても何度もやり直せば大丈夫「絶対ミスはダメ」と思っている

いつでもやり直しがきく、と思うくらいがちょうどいい

「ミスをしたらもう1回やり直せばいい」こんな考えを持つ人がいたら、「ただの開き直り」と思う方もいるかもしれません。でも、違う角度から見ると〝積極的〟〝諦めない精神〟とも捉えられます。

これに対して、「1回もミスをしてはいけない」というスタイルはどうでしょうか。「あの人がミスをしたことなど見たことがない」「(ミスをしないから)仕事の精度が完璧で文句のつけようがない」なんていうスーパービジネスマンが果たしてどれだけいるでしょうか。私はそんな人は未だかつて見たことはありません。誰でも何かしら失敗はしているものです。

「ミスはダメ」という思考回路の方は、前述のような完璧主義者ではなく、**自分から重要な仕事には入り込みたくない〝消極さ〟が根底にあるような気がしてなりません**。臆病さや不安が先に立ってしまうのです。

ここに、慎重派なAさん、おおらかなB君という両極端な二人がいます。C課長が、彼らに自分の仕事のサポートを頼もうとしている場面を見比べてみましょう。

C課長：「Aさん、この仕事をちょっと手伝ってほしいのだけれど。
　○日までに20ページくらいの資料を作成して次の会議で提案したいのです」
Aさん：（期日を守れるかな？　ほかの仕事もあるし。あとグラフとか、数字を扱う
　資料って間違えると、会議で叱られたり責められたりするかも）――。
Aさん：「いまいろいろ業務があって。少し風邪ぎみですし、申し訳ないのですが」

C課長はAさんに断られてしまいました。今度は、B君に声をかけてみることに。する

と、「わかりました！　全力で取り組みます！」と二つ返事で引き受けてくれたのです。
B君は資料をつくる過程でいくつもミスをしたものの、C課長の修正指示を理解し、何度か直して完成させることができました。B君にとっては仕事のコツをつかんだ瞬間です。

「〝1回でどうにかしよう〟としても不安に思うだけ。こうやって繰り返し直していけば、ちゃんと完成までたどり着くし、評価されるんだ」

さて、将来うまく仕事を進められるビジネスパーソンになるのはどちらだと思いますか？　私は、断然B君だと思います。Aさんのように臆病では、仕事の幅が狭くなってしまいます。

前述の例でも、C課長は、1回で完璧なものを望んでいるわけでも、Aさん一人にすべてを任せようと思っているわけではありません。一部の協力だけで、品質や内容はもちろんC課長の責任のもと進めるつもりだったのです。

ミスを極端に怖がる必要はないのです。「ミスをしても誰かがカバーしてくれるだろう」はただの**悪い開き直り**ですが、「**ミスをしてもまたチャレンジしよう**」と思っている人はあらゆるシーンで求められる傾向にあります。

これからは、「1回もミスはダメ！」ではなく、そう考えること自体をやめてしまいましょう。〝**「ノーミスで」なんて思ってはいけない！**〟と考えるのです。

失敗をして、それを悔しく思い、イヤな思い出と捉え、そんな思いを次はしないようにするにはどうしたらよいか、それを考え自分の糧にすることこそが成長の原動力になります。

怖がって何もできないくらいなら、何度もミスをして立ち上がったほうがいい。

■▶▶

「無理かも」と思ったときがチャンス！「どうせ無理」とよく思う

「どうせ無理」と絶対に思ってはいけない

「どうせ無理」。これは、ビジネスの世界において絶対に発してはいけないNGワードの一つではないでしょうか。**この言葉はすべてを台無しにします**。

やる気はもちろんのこと、未来の可能性や夢までをも否定する言葉です。どんなことがあっても思ったり口にしたりしてはいけません。

「どうせ無理」が口グセの人は、わかりやすく恋愛に例えると、「あの人と付き合うなんて自分には無理、振られたら恥ずかしいし傷つくし」という思考回路に似ています。

この思考回路には次の三つの問題があります。

①自分を卑下している。自分を最初から「無理ゾーン」の下に設定している
②そこから這い上がれないと勝手に定義している
③失敗したときの被害を考えてさらに及び腰になる

これら三つの負のスパイラルとなってしまうのです。見方を変えて、誰かに「あなたには無理」と言われていることを想像してみてください。

・あなたを見下している
・努力したとしてもその成功ゾーンには行けないと勝手に決めつけている
・失敗したときのデメリットばかりを並べて不安がらせる

どうですか？　イヤなやつですよね？「あなたがあの人と付き合うなんてどうせ無理。おこがましい。どんなに努力しても振り向いてくれるわけがない。振られるのがオチ」なんて言われたらカチンときますよね？　何より「無理かもしれないけど、**そんなのやってみないとわからない！**」と反論したくなりませんか？

そうです、その意気込みが大切です。これを日々の仕事でも活かすのです。日本でも国外でも、ビジネスや、スポーツ、アーティストなどでも、成功している人は「どうせ無理」とは真逆の精神を持っています。

必ずできる、なんとしても成功させる、この精神です。

とはいっても、普段の仕事では、マニュアルのようにスムーズにいかないことばかり。イレギュラーな出来事こそ日常と言えるほどです。そういうときには、「無理かも」と思いそうになりますが、次のように切り替えを行い、すぐに起き上がってまたファイティングポーズを取ることが先決です。

「いや、まだまだ。粘り強くいくぞ。**何か糸口があるはずだ。**諦めるな」
「もっとしぶとく、もっともっとしぶとく食らいついて**次の対策**を考えるんだ」
「いまがチャンスかもしれない。**無理かもしれないというラインまで来た**のだから」
「ここから先が未知のゾーンだ。**成長のチャンス**に違いない」

こう思えたら素晴らしいです。実際にそんな状況に置かれたら「そんな余裕あるはずないだろ！」と突っ込みたくなりますが、本書を思い出して、「(この本に書いてあったように)いまが一つ上の自分になれる機会なのかもしれない。ここからのひと踏ん張りがステップアップなのだ」と無理やりにでも思うようにしてみてください。

まるで自己暗示ですが、「**できると思えばできる**」のです。「**どうせ無理と思えばすべてが無理**」になります。どちらを選ぶかはあなた次第です。

無理そうなことが起こっても、これはチャンス！と思おう。

仕事の時間はトクする時間だと捉えている 長い時間働くのは損だと捉えている

イヤな仕事も目的を明確にすれば楽しくなる

たいていの人は、1日のうち3分の1もの時間を働くことに費やしています。「**仕事がイヤでイヤで仕方ない**」と思いながら、その長時間を過ごす人もいれば、ストレスを抱えず過ごす人もいます。

その違いはいったい何でしょうか。それは、「**努力**」という必要不可欠なステップの捉え方にあります。

たとえば、高校野球をやっている人が、「甲子園に出場したい」と言っているにもかかわらず、筋トレや練習を一切していなかったらどうでしょう。そういう人たちが予選を勝ち抜くことなどできるでしょうか。

現実には、ほとんどの高校球児が、「甲子園出場」という一つの目標に向かって、ツライ練習に耐えています。さらに言うと、活き活きとアツい心で取り組んでいるのではないでしょうか。

彼らは、きつい練習も必要事項だということと、ゴールに向かっているためなら、それ（筋トレなど）はイヤなことではなく、自分を目的に近づけていってくれるものなんだと考えを転換しているのです。

仕事も同じです。**「努力」のステップが自分のためであると捉えたとき、仕事の時間が有益に変わる**のです。

特に若手ビジネスパーソンの場合、ゼロからのスタートなので、いきなりゴール地点である「実績を出す」「仕事をバリバリこなす」といった人間になれるわけではありません。一定期間の努力のステップが必要です。

これを忘れて、「自分がやりたいことで結果を出したい」と思っても基礎ができていませんから、空回りに終わるケースが少なくないのです。

しかし多くのビジネスマンがこの過程で、きつい、イヤだ、などの感情が芽生え、諦めたり転職したりしてしまいます。その原因は二つあります。

①ゴールの姿を描けていない

会社を経営する人、もしくはリーダーなどの管理職に就いている人たちと密にコミュニケーションを取り、ともにゴールを設定していくことが大切です。

上司などと一緒にゴールを考え、その過程の厳しさを自分たちに得をもたらすものと捉えて歩んでいくことが、仕事の時間をネガティブなものにしない秘訣の一つなのだと思います。

②「努力のステップ」を認識していない

高校球児たちのように、自分自身で「努力のステップの存在」を認識し設定することが大事です。努力はイヤなものと捉えるのではなく、「当たり前に起こること」「それこそが仕事だ」と思うのです。少し難しいからこそ乗り越えたときに得られる対価や、感謝の気持ちは何ものにも代えがたい体験です。

実は、「苦労から逃げたい」と思えば思うほど〝苦労〟はあなたを追いかけてくるのです。

矛盾する言い方かもしれませんが、苦労から解放されたければ、**苦労と思わなければいいのです。**

そうすれば、充実した時間となっていきます。出社するのがイヤでイヤでたまらないということも減るに違いありません。

ゴールに対する想いが強ければ強いほど、その途中経過におけるスピードも力の入れ具合も最大になるでしょう。

ツラい仕事も、明確なゴール設定で楽しい仕事に様変わりする。

「天気の話」を振られたらヤバいと思う
何も考えず天気の話をする

いま常識と言われていることが正しいとはかぎらない！

社外の人と打ち合わせをする際、皆さんはどう切り出していますか？
コミュニケーションの取り方や会話のノウハウが載っている書籍では、「アイスブレイクとして、その日の天気の話などから入りましょう」「天気の話で商談の雰囲気を和らげましょう」と教えます。

しかし、実際にはどうなのでしょうか。成長意欲がある人ほど書籍を読んで勉強していますが、残念ながら、リアルな現場ではこの方法は得策とは言えません。
むしろ、相手のほうから天気の話を投げかけられようものなら、**その人との関係性が薄**

いという危険信号だとすら思わなくてはなりません。

これはプライベートに例えるとわかりやすくなります。彼氏や彼女と待ち合わせをして、ひと言目に相手が天気の話をしてきたらどう思うでしょうか？

「今日は寒いね。雨だしイヤな天気だね」
（せっかく会えたのに退屈なのかな？　とりあえず話そうとしているだけかな？）

「昨日こんな楽しいことがあった！」と笑顔で話しかけられたほうが嬉しいのではないでしょうか？

これはビジネスの現場でも同じなのです。

さらに言うと、お客様はあなた一人だけを相手にしているわけではなく、毎日何人もの人間に会って打ち合わせをしています。そのたびに天気の話をされたら、1日に何度も同じことを繰り返さなければなりません。

ビジネスの場なので礼儀をわきまえて丁寧に返答はするものの、心のなかでは、（また天気の話か。今日1日で何度同じ返答をしているのだろう。でも仕方ないか……）と思っているに違いありません。

では、そんなビジネスパーソンばかりのなかで、あなただけが**新しく珍しい情報を最初に話し出したら**どうでしょうか。きっと相手の印象に強く残るはずです。

そんなとき、アイスブレイクとして、ビジネス範囲のネタが必要です。「こんな面白いお店がありました」とか、「あの企業のニュースは驚きでしたね」といった内容が理想でしょう。それに比べて天気の話は、アイスブレイクではなく〝ただの雑談〟に過ぎません。

逆に、相手が天気の話をしてくるということは、「とりあえず何か話をしないと沈黙になるし……」と**マイナスの気遣い**をされていることに等しいのです。その天気の会話に乗るのではなく、すぐさま違う会話に転換しなくてはと思うくらいがちょうどいいでしょう。

相手に「この人の話を聞いてみたい」と思わせるビジネスパーソンは、それらを理解して実行し、結果を残しています。

礼儀やマナーはもちろん大事です。ただ突飛なことをして、相手に失礼があっては元も子もありません。そこをおさえることは大前提なのですが、その上でいまある常識を疑うことが毎日を楽しく仕事をして周囲から評価を得ている人には備わっています。

皆さんも、「あなたに次も会いたい」「（プライベートでは）あなたとまたデートがしたい」と相手に言ってもらえるように、話の切り出し方には、ひと工夫凝らしましょう。

たしかに「天気の話」は王道だ。
でも、それじゃ相手の心は開けない。

ワクワクするかどうかが判断材料 ハラハラしないかが優先事項

Success Person 02

ハラハラすることにワクワクするくらいがちょうどいい！

あなたは何かを決めるとき、どちらの気持ちを優先するタイプですか？

・**ワクワク**しそうだから、それに決める
・**ハラハラ**して怖そうだから、別のことにする

登山に例えるともっとわかりやすいかもしれません。前者のように「ハラハラしそうかどうか」を優先事項とする人は、頂上で眺める風景の感動を味わいたいと思う一方で、それよりも、登っている最中、「転んだらどうしよう」「寒そうだ」「トイレはあるのだろうか」

といった途中経過のマイナス要素ばかりに目がいってしまうタイプです。結局、「やめておこう」と、登頂したときの達成感を手放してしまいます。

とても抽象的な単語ですが、私は**〝ワクワクするかどうか〟が、自分の行動を決めるうえで、とても大事な要素**だと考えています。

同じように、ワクワクする心のままに、大きな決意をした女性の話をご紹介しましょう。

２０１３年当時、広告代理店に勤務していた26歳の井上祐巳梨《いのうえゆみり》さんは、ある仕事の募集を目にしました。それは、「**世界最高の仕事**（The Best Job in the World）」と銘打たれた、オーストラリアのニュー・サウス・ウェールズ州での求人です。

実はこの求人は２００９年に、第1回が行われ、かなり話題となりました。求人内容は、オーストラリアのハミルトン島の管理人として、島の魅力をソーシャルメディアで発信するというものでした。わずか半年間の勤務で、報酬は日本円にして約９５０万円！

２回目となる２０１３年には職種が増え、世界１９６の国と地域から約60万人もの応募があったそうです。

井上さんは、「Chief funster（チーフファンスター：日本語訳で、楽しい人代表）」という、イベントレポーターに興味を持ちました。オーストラリアのイベントにVIP席で参加できたり、そのイベントの様子を発信したりする仕事だそうです。

「もともとイベントが大好きで学生時代から企画運営をしたり、昔から舞台に立ったりしていた」という井上さん。メディアでも大きく取り上げられたこともあるほどです。

形こそは違えど、「表現して、伝えていく」という強い熱意を昔からずっと持ち続けていた彼女は、「世界最高の仕事」へ迷うことなく応募しました。

その後、高い倍率を勝ち抜き、日本人で唯一最終選考まで残ることができました。

その過程で、多くの人の応援を背に、がむしゃらに選考の準備を行い、たくさんのことを学んだ彼女は、現在、独立しクリエイティブプロデューサーとして活躍しています。

彼女のように、ワクワクする心を大切にしている人は、**人生で起こることを祭り事のように捉えています**。途中に起きるハラハラした出来事も、予想外の展開も、その結果得られた感動もすべて祭り。

「ハラハラして怖そうなこと」に左右されるよりも、ワクワクすることを選んで、爽快に人生を楽しんでいくというスタンスのほうが毎日充実しますよね。

恋愛に例えれば、嫌いなところがない人を選ぶのか、好きなところが余りあるほどにあるから告白をするのかということに似ているかもしれません。

つまり、**マイナス要素よりもプラス要素を大切に行動を決めるということです。**

あなたも明日からワクワクすることを意識してみてはいかがでしょうか。

自分が心の底からやりたいことを、やってみるのが一番大事。

第３章

急加速で成長できる！
「周りとの関わり方」

急加速で成長できる

■▶▶

怒られまくって「愛されキャラ」に！単独で進めて「何でもふつうにデキる」

ドジでマヌケ。そんな人が一番出世する!?

いつもいつも怒られてばかり。でも、なぜだか愛されキャラで、最強とも言える、ある営業マンの話をご紹介しましょう。

いまでも東京の広告会社の営業部で働いているA君は、**ストレートに言えばドジです。数かぎりない失敗をして周囲を怒らせてきました。**

特に大変だったのは、上司が商談で席を数時間あけただけで、会社の全部門からA君の上司へクレームが入ったときです。どのフロアも共通して「どうにかしてよ、A君。上司のあなたがきちんと指導してよ」といった内容でした。

1階　データ管理部：「入力を指示してきた原稿の数字に間違いだらけ。どういう目的でこれをつくるのかも説明がないしどうなってるの!?」
2階　営業部：「電話の取り次ぎ方が要領を得ていなくて、二度手間ばかりだ」
3階　クリエイティブ部：「依頼の内容が意味不明です。にもかかわらず、納期だけは超短納期！　デザイナーを何だと思っているんだ」
4階　マーケティング部：「データをくれって言うけど指示が不明確。意味がわからない」
5階　経理部：「請求書の数字間違い……。もう月またいじゃってるんだけど？」

よくぞ数時間の間に、ここまで全部署を怒らせることができたものです。

とはいっても、**彼に悪気は一切ありません**。一生懸命なのですが、ただただ不器用なだけ。

A君の場合、多少わからないことがあっても、「**とにかく仕事は進めなくてはいけない**」「**自分にできることは、とにかくお願いしに行くことと、謝ることだけだ**」というスタイルでどんどん各部署に接触をしていったのです。

その結果が先の大炎上というわけ。

一見、救いようもないビジネスパーソンに見えるA君ですが、唯一、彼には無敵とも言える長所がありました。

何をしようとも人に嫌われないのです。**どんなに失敗しても、怒られても、恨まれもしないし、疎まれることもない**。いわば、「**愛されキャラ**」なのです。彼はそんな魔法のような長所を持っていました。

入社後数年が経っても、相変わらずそのスタイルを貫き通し、「**なんとかお願いしますよ**」「**すいません**」が口グセのような人間でした（さすがに基本的な業務は覚えたようですが）。

このスタイルは社外へも同じなようで、「その仕事なんとかやらせてくれませんか？お願いします。いつもすいません」と、怒られることを恐れずに、ひたすら頭を下げているのです。かっこいい企画書をつくってプレゼンで受注するなどというスタイルとは無縁でした。

しかし、さらに数年が経過すると、次第に驚愕の変化が訪れたのです。

A君の仕事ぶりを見るに見かねた**周囲が、すべて助けるようになった**のです。

「A君の仕事はもれがあるかもしれないから、事前にこちらで何度も確認しましょう」
「A君にお客さんからのヒアリングを任せっきりにしておくと、内容がズレて伝わってくるね。ヒアリングシートを作成してそれに記入してもらうようにしよう」

こうして周囲の仕事の品質が上がっていきました。
さらに奇跡的なことが続きます。A君はお客さんから売上目標を聞かれるようになったのです。

「ねぇAさん、売上はあといくら足りないのよ？　頑張って仕事つくってくるよ。さぁ、いくら？　言って？」

驚愕ではありませんか？　こんな場面が実際の現場で存在すると思いますか？
でも本当の話なのです。顧客側があなたの売上目標の不足分つくると宣言してくれるなんて！　「どんな関係性なのだ」——。そう誰もが思うはずです。

A君がいつも大変そうにしていたり、不安そうにしていたりするから、お客さんも細かく指示を出して確認してくれたのです。

これが**ふつうのデキる営業マンであれば、顧客も安心して、お任せ状態になりかねません**。それが逆にミスを引き起こすこともあるのです。

仕事はチームプレーで成果が出れば出るほどよしとされます。A君のように**周囲を自然と巻き込む流れは、ある意味単独プレーヤーよりも質が高い**とも言えるのです。

一方、周囲を引っ張っていく単独プレーヤー型であったA君の上司からしてみると「なぜA君に仕事が集まり出したのだろう？　なぜ社内がこれほど協力的なのか？」と不可思議でならなかったでしょう。

また、独裁的なタイプの上司にも理解できません。緊張感のもとに体制を敷いて周囲をビクビクさせる上司。反対に、周りからの協力をうまく仰ぎながら、和やかさを備えた雰囲気でチーム戦を展開していくA君。

そういった上司らから見れば、A君のそのスタイルは、**〝超新人類〟以外の何者でもありません**。時代的にも、A君のような人材が求められるリーダー像ではないでしょうか。

その後、A君は大手クライアントと億単位の取引をするまでに成長し、会社で重要な管理職者に就いています。何度も言いますがこれは本当の話です。

彼のなかでは**「人より劣ったらどうしよう」という意識は皆無に近く**、ただ自分なりに**一生懸命に目の前のことにぶつかって事故を起こしていただけ**なのです。

事故を起こして怒られたからといって落ち込むのではなく、つねに学んでいくことで少しずつ成長していけるのです。

怒られるほど、愛されている証拠。そして信頼へとつながる。

■ ▶▶ 人目を気にせず、目の前の仕事に集中人の目をつねに気にする

それほど自分は注目されていないと知る

ある程度、周囲を意識することは必要ですが、「人目を気にしすぎる」のは考えものです。

たとえば、次のような人がいたら、皆さんはどう思うでしょうか？

・周囲の顔色を窺ってばかりいる舞台役者
・上司の顔色ばかり気にして、物事を進めるビジネスパーソン

どちらも魅力的には見えませんよね？　しかし、実際の現場になると、多くの人がこの状態に陥っているように思います。

たとえば、「電話で変なしゃべり方をしたのを聞かれたかも」「電話越しで頭を下げて謝っている滑稽な姿を見られたようだ」などと気にして、萎縮してしまう人がいます。

でも悲しいことに（？）、周囲はあなたのことを思ったほど、注目してはいません。

少し考えてみてください。今日、あなたの職場で何か気になる行動をした人を覚えていますか？　実際のところ、怒鳴り散らしたり、遅刻をしたり、社内を走り回ったり……、それくらい目立つ行動でないかぎり、ほぼ覚えていないものです。

あなたが周りをそんなに見ていないのと同じように、**周りもあなたのことを、気に留めていません**。

これは、逆に捉えればラッキーなことです。ある意味**自由**なのですから。中途半端に人の目を気にしたり、照れたりすると目立ちます。自分の世界で舞台を演じることに振り切ってしまいましょう。そうすれば、周りはそっとしておいてくれるものです。

舞台役者が練習するときに例えるとわかりやすいかもしれません。練習のときは、観客はいませんから、大声を出す演技を試したり、泣く演技の練習をしたりしています。多少その周りに役者仲間がいたって、そんなことは気にもしません。

自分のペースで仕事をどんどん進めていくことだけに集中しましょう。恥ずかしいことなど微塵もなく、それはとても素敵なことで本来周囲も見習うべきほどの姿なのです。

それでも、人目が気になる人は、「周囲の目を気にすることをやめよう」と思うのではなく、目の前の仕事にもっともっと集中することです。

・これを自分なりに100%の状態にするにはどうしたらよいか
・納期ギリギリではなく、3日前に仕上げるにはどうしたらよいか

など、目の前の仕事に集中して向かい合ったとき、自然と周囲の目は気にならなくなっているはずです。

そのときに、周りを気にして、軌道修正しようと思う場合は、まだその仕事に集中しきれていない証拠です。自分なりのこだわりを持てていないのです。

仕事はムキになるくらいがちょうどいい。

それくらいに思っておきましょう。自分がつくった資料や成し遂げた仕事を批判されたり意見されたとき、ムキにならない程度の仕事はそれまでだったということです。

人の目を気にしすぎても、よい仕事はできないと知る。

「自分の意見」を持っている「社会人として」をカン違いしている

自分らしくて、個性的なのは悪いことじゃない！

社会人になると、いままでのやり方ではうまくいかないことが多々できます。そのたび、周囲に合わせたり、ときには怒られることもあるでしょう。

そんなときは、**「自分らしくいること」と「ビジネスパーソンとしてやるべきこと」の線引きをすればいいだけです**。難しくはありませんが、慣れないうちは、**自分を押し殺してしまう**ことも多いようです。

自分の意見を求められたり、対立しそうになったりしたときに、「波風立てずに合わせていこう」「人を怒らせるのはよくないことだ」「あとあと面倒なことが起こるかも」という思考になってしまいます。

実際に広告代理店の営業マン・A君の話を例にとって見てみましょう。

A君はもう入社5年目の中堅社員です。担当のクライアントとの付き合いも長く、コミュニケーションも円滑になってきました。そんなある日、相手から次のように聞かれました。

クライアント：「今年のクリスマス商戦って去年と比べてどんな変化があると思う？」

A君：（グラフのような根拠になる資料がないから、いま答えないほうがいいよなぁ。**社内に確認してからにしよう。**意見を言うのは、**おこがましい気もするし**）

A君：「かしこまりました。マーケティング部の者に確認してご連絡いたします」

A君は帰社後、社内のマーケティング担当に相談し、数日後クライアントへ資料を渡しました。この流れは一見正しいように思います。

ほとんどの人がそうしているかもしれません。A君はこの件以外にもクライアントから質問を受けるたびに、「かしこまりました。その件はプランナーに確認いたします」「デザイナーに確認いたします」と、同じ対応を繰り返していました。

すると、クライアントからA君の上司にクレームが入ったのです。

「質問してもAさんは自分の意見を何も言わずに、社内の人に聞きに行くばかりです。それなら、**ただの伝言係**にすぎません。私が直接担当者へ電話したほうが早いでしょう。**私はAさんの意見を聞きたいんです。**何年もうちの仕事に関わってきた彼の意見を知りたいのであって、社内に聞いてきてくれとはひと言も言ってないんですよ」

上司づてにそのことを聞いたA君は、驚くと同時にとてもショックを受けました。自分がよかれと思っていたことが**お客様にとってはいらぬ気遣いだった**からです。資料という形を整えることではなく、**〝あなたなりに〟どう思うか**を聞かれていたのです。

それからA君はどんな場面でも自分なりの意見を言うことを心がけました。

「去年はこんな反省がありましたよね。だから今年はこうしたほうがいいと思います」
「競合のA社は毎年御社より早めに展開を開始しますから、展開日の変更についても検討材料の一つになるかと思います」

今まで何年も携わってきたクライアントの仕事ですから、言いたいことはたくさんありました。そういった見解を求められていると気づいたのです。

その後Ａ君はリーダーの職に就きました。

このような周囲とのズレ、皆さんも心当たりありませんか？　もしあれば、自分の意見を堂々と述べ、より深い関係を周囲と築いていきましょう。

言わないと伝わらない。
自分の考えをどんどん発信しよう。

断ることでより信頼関係を築く　断らないからトラブルを招く

断ることもたまには大事

ビジネスの現場で、「**自分から仕事を断ったことがある**」という方は少ないと思います。

特に営業マンの場合、会社の窓口として仕事を取ってくるのが役目ですから、断るという概念すらないのかもしれません。

しかし何事にも例外はあるものです。なかでも、次のような「値引き要求」には悩まされます。

顧客：「ねぇ○○さん（あなた）、**もう少し安くなりませんか？**」
あなた：「かしこまりました。少し下げた価格でやらせていただきます！」

これを社に持ち帰っても、よいことはあまりありません。ほぼ利益が出ない状況で業務を進行することになるからです。さらに、こんな要求もよく聞きます。

顧客：「ごめん、納期を**あと1週間短く**お願い。追加もあるんだけど……」
あなた：「**かしこまりました。**なんとか段取りします。
追加の業務となると多少費用が変わるのですが……」
顧客：「どうにか**前の価格のままで**お願いしますよ。
もう予算は決定してるし、いまさら社内で変更するの大変なんですよ」
あなた：「**かしこまりました！　頑張らせていただきます！**」
顧客：「ありがとう。いつも助かります」

この「ありがとう」にダマされてはいけません。その瞬間は満足するかもしれませんが、そのあとが大変です。まさに「一度あることは二度ある」で、値引きはこのあとも延々と要求されかねません。それはなぜでしょうか。通販やコンビニでの購入シーンに例えてみるとわかりやすいかもしれません。

通販やコンビニであれば、値引き要求をされたとしても、**「そのような対応はいたしかねます」**と断るはずです。そもそも、お客さん側も、そうなることはわかっているので、値引き要求をする人自体が少ないのではないでしょうか。

もしコンビニなどの小売店で、一度でも値引きを引き受けてしまうと、おそらく二度も三度も続くはずです。その時点で断っても「なんで前はＯＫだったのに今回はダメなんですか！」ともめることになります。

断らなかったことで、未来のもめごとを引き寄せてしまうのです。

もちろん対企業のビジネスにおいては、さまざまな事情があるのは百も承知ですが、値引き習慣のもと、良好な関係性や結果を生み出しているかというと、そうではないケースが増えてきています。それを守るための法律も整備されてきました。

前述したように、値引きを引き受けるとそれが常態化し、いつでも価格交渉がされやすい状況をつくってしまいます。それが続くうちに自分たちが赤字になってしまっては元も子もありません。未来のトラブルを起こさないためにも、一度提示した価格は値下げをせず、無茶な要望にも対応せず、律した態度を取ることが必要です。

「**弊社はこの内容・この価格で品質をご提供したい**と思っております。ぜひこちらでご検討ください。正直に申しますと、これ以上価格を下げすぎると品質に影響が出かねません。今後良好な関係をお互い続けるためにもよろしくお願い致します」

このように上手にお断りする勇気を持ちましょう。

断り上手は、未来の信頼関係にも結びつく。

本気の笑顔に人が寄ってくる
愛想笑いばかりで人が離れる

本当の笑顔こそ、人を引きつける

皆さんも外食をすることがあると思いますが、**愛想笑い**で「いらっしゃいませ」と言われたらどう感じるでしょう？　店員は何時間も立ち仕事でお客の要望に応え、厨房とを行き来する。その疲れもあるのか、顔は笑っていても目が笑っていない……。

愛想笑いはこのように「よい印象を与えない」とわかっていても、ついつい仕事でしてしまうこともあります。

たとえば、「あなたもそう思いませんか？」と同意を求められるようなときです。雑談ならまだしも、ビジネスに関わるまじめな意見を求められたなら真剣に答えなければなりません。**愛想笑いをしていては、〝愛想がいい〟ではなく、ただ〝テキトー〟に返された**

と捉えられるので気をつけましょう。

それに、何度も愛想笑いばかりしていれば人は気づきます。もちろん仕事上必要なときもありますが、何度も接しているお客様や社内の仲間たちに繰り返していると、**「あの人は本心では笑っていない」**と感づかれてしまいます。

ではどうすればいいか。たとえ職場でも、お客さん先でも、楽しいことがあったら大声で素直に笑ってしまうのです。

仕事の時間に雑談に興じることは（長すぎなければ）悪いことではありません。面白いことがあったら声を出して笑えばいいのです。あなたが本心から笑うのはどんなことか、どんな笑い方をするのか。これらはビジネス上のコミュニケーションとしても大切な意味を持ちます。

ほかにも、笑える場面はあります。**本気で仕事をして成果が出たとき**です。

ここで言う成果は、数字だけとはかぎりません。**相手に喜ばれたとき**などはその最たる例ではないでしょうか。表情はおそらく整った笑顔ではないはずです。

とはいっても、「いまの仕事の内容でどうしたら笑えるの？」「どうやったら楽しめるの？」「どうしてもそんなふうに楽しめる気がしない」……。このように感じている人は多いと思います。私もそんなときがありましたからよくわかります。ではどうすれば「本物の笑顔」になれるのでしょうか。

私のオススメは、**毎日の仕事で気になることをコツコツと改善していくこと**、これだけです。言い換えれば、**明日にでもできることを放置せず、いまからでもやる**ということ。そうすると、周囲から感謝され、自然と自身も笑顔が出てきます。

改善するのは、日々の業務で気づいたことでいいのです。

- 机の上が汚い↓デスクの上は毎日帰り際に片づけよう
- 電話の内線番号がわかりづらい↓席順の番号表をつくろう
- 似たような問い合わせがいつも入ってくる↓マニュアル化しよう
- あの人は要折り返しの電話を取り次いでも折り返さない↓上司に相談しよう

まずは、このような小さなことから変えてみてはいかがでしょうか。大きくすべてを変えようとするのではなく、まずは確実にできる一つのことを実行してみましょう。**「まぁ、いっか」を一掃する**のです。

その積み重ねが日常のなかの〝本気の仕事〟と言えるのではないでしょうか。本気の仕事を続ければ、改善点がなくなり、ストレスも減り、**本物の笑顔**にたどり着くはずです。

毎日笑顔のあなたに、人がどんどん引きつけられるようになるに違いありません。

成果が出たら本物の笑顔が生まれ、周囲をハッピーにさせる。

楽しい＆嬉しい感情をすぐ出す
感情を押し殺す

感情をオモテに出すのはイイこと？　悪いこと？

「男は論理で動く、女は感情で動く」。どこかで聞いたことがある理論ですね。たとえば、次のようなシーンをよく見かけます。

男性：「昨日はそばを食べたから今日は洋食にしよう。
　　　夜は飲み会だから昼のカロリーは抑え目にしないと」
女性：「今日はパスタの気分！　パスタに行こ〜！！！！」

女性のほうがニコニコしながら言っているのが想像できませんか。どちらがいいとは一概には言えませんが、ビジネスにおいては、**「プラスの感情を感じたら、それをより大事にしましょう」**と私は伝えています。

前述の男女のような違いは、実は、職場でもよく見かけます。たとえば、普段から感情を優先させて行動を起こすAさんと、いつもいつも厳しさ満載で仕事をするBさんの二人のやりとりを見てみましょう。

Aさん：「今日みんなでパーっと飲みたい気分じゃない!? 仕事もうまくいったしさ！」
Bさん：「いえ。飲み会はもう今週は二度目です。飲みすぎではありませんか。明日出張で朝早い人もいます。希望をとって調整をしてはどうでしょうか」

たしかにBさんの言うことも然りなのですが、こんなことを言われてしまっては興冷めですよね。周りもヒヤッとしてしまうかもしれません。

一見、Bさんは周囲を気遣っている発言のように見えますが、「飲み会は不要だ」と言っている時点は、〝自分が〟不要なだけなのです。周囲が必要としているかどうかまで思いを巡らせてはいません。

一方Aさんはどうでしょう。ただ楽しくふざけているのとは違います。チームの雰囲気をつくることに大きく貢献しているのです。

もしこういったプラスの感情が出てこないと、ただ結果を出すためだけに黙々と仕事をしている状態になってしまいます。最悪は、「**これが私のやりたい仕事だったのだろうか**」と思いはじめるようになるのです。

そうならないためにも、喜と楽の感情は思う存分出していくことが大切です。

職場で笑いすぎて上司から「もう少し静かにしなさい」と言われるくらいでちょうどいいかもしれません。「すいません！」と言って静かにすればよいのですから。

昔ながらの職場では「職場で笑い声を立てるなどもってのほか！」という風潮のある会社が多かったと思いますが、時代は完全に変わったようです。

最近では社内にフィットネス機材を設置したり、社内運動会を開催したり、オフィスをまるで公園のようにしたり、工場（ファクトリー）のようなイメージにしたりするなど、特にＩＴ関連企業やベンチャー企業でよくある取り組みですが、仕事の時間をいかに楽しみ、自由な発想を生む環境づくりができるかが注力されています。

もはや「当たり前の社風づくり」とも言えるくらい多く見るようになってきました。

「怒り」はコントロールするべき！

感情を出そうとお伝えしてきましたが、一つ例外があります。それは、**「怒り」は抑えたほうがよい**ということです。

これもまた昭和の時代においては、社内で怒号が飛び交うのが当たり前、ときにはものが飛んでくることも。営業部長とは鬼軍曹であるべし！　といった雰囲気がベースにあったと思います。

しかし、これも時代とともに変わってきました。営業部長といえば、現在では、皆を和ませる緩和役。会社の方向性と現場社員の調整役です。「どうした？　何かあったか？　話を聞こうか」というような上司像です。

「甘ったれるな！　そんなこともできないのか！　明日までに必ず仕上げろ！」なんて怒鳴ろうものなら即刻レッドカードです。退職者が絶たなかったり、パワハラで訴えられたりと、悪循環しか生まれません。大変な時代でもありますが、本来はこれがあるべき姿なのかもしれませんね。

「怒り」をうまく前進エネルギーに変えられる人は別にして、前述のように、**他者に向かってぶつけるような「怒り」は仕事でもプライベートでも、悪いものしか生み出さない**と肝に銘じましょう。

「怒り」は、さらに激しい怒りや不信感を引き寄せるだけです。

それでも、「怒り」がどうしても湧き上がってきてしまう……。そんなときは、**6秒間カウントしてみてください**。怒りは感じた瞬間の6秒間さえ我慢すれば次第におさまっていくそうなので、そうやってコントロールするとよいでしょう。

ほかにも「怒り」との付き合い方として、**怒りの感情を選ぶのではなく〝哀〟の感情を選ぶ**という方法もあります。

・「こんなことが起きて哀しい。しばらくの間落ち込もう。ションボリしておこう」
・「そのうち楽しいことが発生して、自然とあの出来事を忘れられるだろう」

怒りを手放し、できるかぎり「楽しい」「嬉しい」をオモテに出せば、職場も明るくなり、あなたの周りにも素敵な人が集まってくるでしょう。

感情力豊かに仕事をすれば、職場の雰囲気はもっとよくなる。

第４章

急加速で成長できる！
仕事力アップの「プライベート」

急加速で成長できる

■▶▶

飲みたければサクッと誘う
飲みたいのに、ただただガマン

飲みニケーション、誘われる側はどう思う？

本章は、ビジネス以外のシーン、「プライベート」も舞台として話を進めていきます。仕事もプライベートも表裏一体で、たとえ仕事がうまくいっていたとしても、プライベートが下降気味だと、そのうち全体に悪影響を及ぼします。そうならないためにも、**仕事以外でも積極的に行動することが大事**です。

皆さんにとってプライベートは身近な話ですから、周りのことを思い浮かべながら楽しく読んでみてくださいね。

さて、さっそくですが、質問です。あなたは「飲みたい」と思ったとき、躊躇なく相手を誘うタイプですか？　それとも誰かから誘われるまで待つタイプでしょうか？

いくら家であれやこれやとモヤモヤしていても何もはじまりません。時間だけが過ぎていきます。直接会って話すという、リアルなコミュニケーションを通さないかぎり、相手との関係は好転していきません。特にお酒を交えた会話は、**お互いの距離を縮めるのにも役立つ**のです。

そこで、本項では、積極的に人を誘うことをお伝えしたいと思います。

気の知れた友人ならば誘いやすいはずです。でも断られてしまったら？　同僚を誘うか、親友とまでは言えない友人を誘うか……。

「いきなり誘ったら変に思われるし、当日誘うなんて軽く扱っているようで失礼かもしれない。正直親友以外と飲むのは気を遣って疲れるのも事実だし。でも今日はちょっと発散したい気分だけど」

こんなふうに思って二の足を踏む人も多いのではないでしょうか。

しかし、私はここで断言します。

こちらから誘うほうが、相手にも喜ばれます。

理由はシンプルです。あなたと同じ気持ちの人のほうが多いからです。「飲みたいけど誘うのに躊躇する」というビジネスパーソンのほうが多いということは、**誘うほど喜ばれるのです**。

周囲を見てもそれは明らかですね。飲みに行かない？　と言い出す人はごく一部でいつも大体同じ人。ほとんどの人は自分からは誘いません。なかにはお酒が嫌いな人もいるでしょうし、人付き合いが苦手な人もいるでしょうが、半数を超えることはそうありません。

「誘って断られたらどうしよう」「いきなり誘うなんて不躾なのではないか」

そんな考えはまさに杞憂。**誘われたら人は嬉しいものです**。

サラっと誘えれば、問題ナシ！

特に、ここからは男性読者の皆さんにお伝えしたいのですが、恋愛感情のあるなしにかかわらず、女性の同僚・先輩・後輩もどんどん気軽に誘ってみてください。

実は飲みたいと思っている女性は多いのですが、女性側から誘うのはハードルが高くなりがちです。

「今夜はちょっと飲んで帰りたい。でも男性社員を私から誘ったら、気があるのではと誤解されても困る。仕事の話を笑いながら、ちょっと発散したいだけなんだけど」

だから気軽に誘って、深酒も深追いもせずに帰ることで、次の機会も誘いやすくなります。

ポイントは、重たく仰々しく誘わないことです。

「なんだか、ちょっと飲みたくなってきた。今日は予定入ってるの？」

こんなフランクな感じで誘ってみましょう。

女性以外にも同じような心理状態の立場の人がいます。さて、誰でしょうか？

それは、あなたの上司です。**多くの上司が、「飲みたいけど誘えない」**状況に置かれています。

「今日ちょっと飲んで帰りたいな。でもこちらから部下を誘うと、強制的な感じも出てしまうし、部下にもプライベートがあるだろう。別に仕事の話で何かあるわけでもなく、ちょっとコミュニケーションを取りたいだけなんだけど。やめとくか」

だから部下の方は、積極的に、何より気軽に上司を誘ってあげてください。怖がる必要も遠慮する必要もありません（まぁ本当に嫌いな上司なら話は別ですが）。

部下から誘ってきたら、上司は心のなかで大喜びのはずです。ご機嫌なはずです。

ちなみに、上司の立場の方は、誘われても深酒、深追いはしないこと。2軒目、3軒目と深酒をして、最後には仕事満載の話。組織の話や評価の話まで出したらもうアウトです。また次も、部下から気軽に誘ってもらって楽しい時間を過ごしたければ、最初のお店で解散しましょう。腹八分目がちょうどいいのです。

「あの上司と飲むとなんかグッタリする」、そんな印象を持たれたら次はないと心がけましょう。

誘われる側も誘う側も、相手の心理を勝手に誤解して遠慮しているものです。
そんな誤解は取り払い、良好なノミニケーションを図っていきましょう。

飲みに行きたいときは自分から誘ってみる。意外とみんな飲みたがっているから。

イヤなこと、したくないことを言う「どこでも」「なんでも」が口グセ

「どこでもいいよ」ほど、相手を困らせるセリフはない！

前項では、積極的に飲みに誘いましょうとお伝えしました。反対に、飲み会にかぎらず、あなたが**誘われる側**になったときに気をつけたいことがあります。

「週末どこに行きたい？」「今夜どこで飲む？」「旅行で行きたいところある？」と聞かれたときに「どこでもいい」「なんでも」という答えはできるかぎり避けてほしいのです。

もし、「（あなたと一緒なら）どこでも、なんでも（楽しいから）」と、前向きな思いからならば、それは**言葉に出して伝えてあげましょう**。

「どこでもいいよ」は、相手をただただ不安がらせるだけです。

場合によっては、「どこでもいい」と言ったつもりが、「どうでもいい」と捉えられるかもしれません。

それ以外に、「どこでもいいよ」と言ってしまう心理としては二つの理由が考えられます。

①希望を言いづらい相手だから
②行きたいところ（行きたくないところ）があるのに、それを押し殺してしまうから

①の場合は、**相手が優しい人**の場合です。「相手が優しすぎるあまり、遠慮をしてしまう」、そんな経験はありませんか？

実はこの場合、向こうも同じことを思っている場合が多く、まさにお互いさま状態です。「私のことを思って希望を言わないだろうから、私から聞いてあげよう」「私は『どこでもいい』と言おう」とお互いに気を遣い合っています。

付き合いはじめはよいかもしれませんが、この状態を長引かせないように気をつけましょう。この関係性を続けていくと、さらに②のような心理になります。

たとえば、「動物園とかはどう？」と聞かれ、内心は「動物の臭いがすごく苦手だから行きたくない」と思っているにもかかわらず、「うん、どこでもいいよ」と曖昧な返事をしてしまう……。これでは、動物園に行っても一向に楽しむことはできません。

「相手が優しい人だから遠慮をして希望を言わなかった」
↓
「そうしたら自分が嫌いな動物園に来ることになってしまった」
↓
「いまさらつまらなそうな顔をするわけにもいかない」
↓
「でも一緒にいるのが苦しくなってきた」

このような気持ちの流れになることは至極当然です。

①も②も、遠慮や気遣いをしているつもりですが、本当に相手のことを思っているのであれば、自分の考えを伝えるべきです。

やりたくないこと、イヤなことを伝えるのは悪いことではありません。

もちろん、いい大人ですから、横暴な発言ではないことが大前提なのですが、多少のことであればワガママだとか、身勝手だとか思われることはありません。

むしろ、自分の考えをオモテに出すことで、物事が好転することだってあるのです。
たとえば、次のような男女のやりとりを見てみましょう。
ちょっと控えめなＢ子さんが、知り合ったばかりの男性Ａ君からお出かけの誘いを受けました。Ａ君から「どこに行きたい」と聞かれても、Ｂ子さんは「どこでもいいよ」と答えるだけ。そんな彼女に対し、Ａ君が代替案を出してくれています。

Ａ君：「じゃあここは？」
Ｂ子さん：「そこはイヤかも……」
Ａ君：「えっ？（さっきどこでもいいって言ったのに）じゃあ、こっちは？」
Ｂ子さん：「そこは前行ったことあるの」
こんな会話をしていると、Ａ君が突然腹を抱えて笑い出しました。
Ａ君：「あはは！　どこでもいい、じゃないじゃん！　希望をもっと聞かせてよ」

一見、Ｂ子さんは自分がワガママを言っているような気分になりますが、実はこれは悪いことではありません。自分の正直な気持ちを伝えているだけですから、A君にとっては、「**B子さんは心を許してリラックスしてくれている**」と感じるのです。

こうなってはじめて、二人の距離は縮まるものです。

これは職場でも同じです。どうしてもやりたくないことや不満は言うようにしましょう。誰にも言わずに長い間溜め込んだ挙げ句、いきなり「辞めます」と退職宣言されるほうが、会社にとっても損害であり、残念なことなのです。

早めに直接対話していたら、もっと解消できる問題もあるでしょう。**溜め込んでからいきなり不満を爆発させることは、お互いよい結果を生みません。**

イヤなこと、やりたくないこと、溜め込んでいませんか？　吐き出すことは悪いことだとカン違いしていませんか？

「やりたくない！」という想いのパワーのほうが、「こうしたい！」よりも強い力を発揮することがあります。

「やりたくないことから抜け出したい。だから頑張る」というのも一つのモチベーションです。
溜め込むことこそ、周囲にも自分にも悪いことです。溜め込んで一気に噴出させるのではなく、うまく自分のマイナスの気持ちをハンドリングしていきましょう。

自分の希望は率直に相手に伝えよう。
それがホントの気遣いだ。

競争しなくてもよい出会いを探す 行く先は、ライバルひしめく合コン

仕事以外で自分を〝売り込む〟場所

あなたは、仕事でもプライベートでも、「**自分を売り込む場所**」をきちんと意識していますか？

プライベートなら恋愛相手をどこで見つけているかということになり、仕事では、顧客との初回接点をどうやって獲得しているかということになります。

わかりやすい例として、「彼女いない歴3年」の男性が、ある日素敵な女性と出会い、お付き合いに至ったエピソードをご紹介しましょう。

悩めるA君は、26歳、１８０センチメートルの長身で中肉中背、広告代理店勤務で、趣味はライブ鑑賞、マンガ、飲み会、好きな女性はキレイなお姉さんタイプ、と至ってふつうの青年です。

まじめで優しくおっとりしているA君は、合コンに何度も出たものの、まったく彼女ができませんでした。積極的な口数の多い肉食系男子に先を越されてしまうのです。

A君：「広告マンはモテる！　と思って入社したのに。
口下手な自分には合コンの激戦をかいくぐるのは至難のワザだ」

そこで、A君は突然タップダンス教室に通い出しました。

そこには広告代理店のおしゃべり上手な肉食系男子は皆無。**競合相手がゼロの状態**です。

教室には、30歳前後の女性がいました。彼女たちはお金も時間にも余裕ができ、自分の趣味を充実させたいという大人な方ばかりです。

タップダンスという同じ趣味を通して、彼はある女性と仲良くなっていくのです。口下手であっても共通の趣味があるのですから、短所もある程度はカバーされます（彼はタップダンスが好きで行ったわけではありませんが）。

そして彼は好みの女性と付き合うことになりました。

これは本当にあった話です。

A君は自分を売り込む舞台を見つけたのです。

仕事でも同じことが言えます。1対1が得意な人と、大勢のなかで賑やかなほうが力を発揮する人とそれぞれ特徴があるはずです。

・自分をアピールしやすい環境はどこか
・相手に喜んでもらうにはどういうシチュエーションがベストなのか

このように自分の持ち味が発揮できる場所を探しましょう。

それを考えるときに大事なことは、**争いが起こらない場所を探す**ことです。自分が選ばれるにはどうしたらいいかという観点を持つのです。

仕事だったら、接待で力を発揮する人もいれば、セミナーで講演することで顧客接点を持つ人もいます。

プライベートでは赤提灯で口説く人もいれば、おしゃれなバーでキザに口説くのが得意な人もいるのです。

ただし、あなたの〝商品力〟に魅力がなければ契約も恋愛もはじまりません。いくら売り込む場所が見つかったとしても、あなた自身に魅力がなければ意味はないのです。

それだけは十分に理解したうえで自分をうまく売り込んでいきましょう。

必ず存在するアナタの輝ける場所を一生懸命探そう。

■▶▶ ほとばしる想いに突き動かされる 打算的に考えて結局行動しない

情動的なタイプ？　慎重派？

皆さんは、「こうしたい！」「ああしたい！」という**情熱に従う**タイプですか？　それとも**打算的に考えて行動に歯止めをかける**タイプでしょうか？　それぞれ異性との向き合い方に例えてみましょう。

①情熱タイプ
まずは、好きで好きでたまらない相手に告白をしようか迷っている場合です。

その人とたくさんのデートを重ねた末に結婚式をあげているシーンを想像しただけで楽しい……そんな状態です。「この人を必ず笑顔にして幸せにしよう」と思うと同時に、「それが自分の幸せだ」と思えるのではないでしょうか。

②打算的なタイプ

少し気になる異性がいるものの、湧き上がるほどの想いではない場合です。

相手が自分に好意を持っていることは明らかで、自分から付き合おうと言えば確実な状態です。

しかし、「もう何年も彼女がいない」「そろそろ結婚も考えなくてはいけないから、とりあえず付き合ってみようかな」「彼女にもある程度収入があるからあまりお金の負担をこちらがしなくても済みそうだな」「うちの実家の口うるさい母親の言うことにも反抗せずに大人しく聞いてくれそうだな」……。

このような考えで付き合うと、たいてい事態は悪い方向へ向かうのではないでしょうか。

火を見るより明らかですが、②は正しい考え方とは言えません。**テキトーな考え方**です。湧き上がる想いよりも先に、失敗しているゴール地点の自分や、走っている最中に苦しんでいる自分ばかり想像して不安を感じてしまいます。

②のように、世間体などを優先して行動すると、そんなに時間を経ずに壁にぶつかります。一番の要因は**相手があなたの〝打算〟に気づくから**です。

たとえば、②の場合、仮に付き合ったとしても、相手から、「あなたの愛情は口だけよ。ホントは私（オレ）のことなんて好きじゃないんでしょ」なんて思われてしまいます。仕事でもプライベートでも、長い時間をともにしていれば多かれ少なかれ伝わっていくものです。

とはいっても、「物事には損得が存在するし、形あるものが大切なときもあるでしょう」と反論したくなる方もいるかもしれません。

それは間違いではありませんが、重要なのはその比重です。損得よりも自分の想いに重きを置いてほしいのです。

その点、**物事がうまくいっている人ほど、湧き上がる想いで行動を決断します**。

目の前の事柄に対しての判断基準を、「損得」ではなく、「何が何でも進めたいのか」と心への問いかけに重きを置いているのです。

①のような人たちは、たとえ失敗しても大して後悔しません。

なぜかというと、行動しなかったときの後悔のほうが大きいことを経験から知っているからです。また、湧き上がる想いが、ツラい途中経過も楽しいものに変えてくれることもよくわかっているのです。

湧き上がる想いをつねに自分に問いかけるようになれば、不安にさいなまれることは自然と減っていくでしょう。

何かを決めるときは、打算ではなく、情熱に従う。

■▶▶

イヤな記憶は上書きして次に進む
昔の記憶を引きずったまま

恋愛は「上書き」できるかで大きな差がつく！

あなたの恋愛は、**「上書き派」**ですか？　それとも**「別フォルダ派」**でしょうか？

上書き派は、前の記憶をいまのものに書き換えてしまいます。過去の失恋を次の恋愛で忘れていくタイプです。

反対に、別フォルダ派は、過去付き合った人のすべてのフォルダをつくり、たまにそのフォルダの中身を眺めたりします。言ってしまえば、**過去の恋愛を引きずるタイプ**です。

それぞれのフォルダには、まるで議事録でも入っているかのように、あのときのよい思い出、振られたときの悲しいあの言葉、あの表情、数百枚の写真……などが頭のなかに保存されています。

本書を読んでいる皆さんは、ぜひ上書き派になり、仕事もプライベートもどんどん前進してもらいたいと思います。

注意したいのが、一つの恋愛が終わると上書きする人でも、**付き合っている最中は「別フォルダ」で管理**する人です。

どういう人かというと、**過去のミスをずっと覚えている**人。

「覚えてる？　あなたはこんなひどいことを言った」
「あのとき、あなたは私を30分も待たせた」
「前行ったデートの場所は寒いし、ムードもなくて最悪だった」

……など、「なんでそこまでいつまでも振り返してくるの？」というねちっこい人は周りにいませんか？

いま周囲にいなくても、今後、そんな人に出会ったら、謝罪文というデータを入れてもらい、これから同じミスをしないことで、忘れてもらうのを待つしかないでしょう。
何より自分がこのタイプにならないように気をつけたいものですね。

「上書き派」「別フォルダ派」は、仕事上の対人関係や、仕事の仕方でも似たようなことが言えます。

たとえば、「あの顧客との案件はまだ可能性があるはずだ」と思っていても、相手は随分前に「ナシ」と判断していたり、ひどい場合はすっかり忘れられてしまったりします。

自分にとっては別フォルダでも、相手にとっては上書きか「ゴミ箱」行きなのです。

ほかにも、大クレームを受けた苦い経験がトラウマになり、「もうあのお客さんに会いたくない……」という人も、手痛い経験をいつまでも引きずって次に進めないタイプです。**苦い経験こそ、ゴミ箱行きにして忘れたほうがいい**のです。いつまでも引きずると、出口が見つからなくなってしまいます。

感情が伴うものは、「上書き型にすぐなれ」と言われても難しいかもしれません。しかし、苦い経験ほど上書きして、少しでも前に進むべきです。

過去は悪いこともすべて肯定する、そして未来に目を向ける。これが大切です。

周囲には別フォルダ型の人が多くいることも踏まえなくてはいけません。そのタイプの人に出会ったからといってストレスを感じていては損をしますし、対応できなくては社会ではうまく立ち回れません。

そんなときは、その人自身を、上書きをしてしまうか削除フォルダ行きにして整理をしましょう。

過去は引きずらず、さっぱり忘れて次へ進もう。

■▶▶ 相手にどう告白されるかを考える
相手にすぐ告白することを考える

モテる人はやっぱり告白されることが多い！

次の2パターンのうち、どちらのほうがより「モテる人」だと思いますか？

・自分からやたら告白する人
・やたら人から告白される人

ふつうに考えると、「モテる人」は後者ではないでしょうか。

告白をするかしないかの違いだけにもかかわらず、前者の行動をしてしまう人が多いのはなぜでしょうか。

150ページでもお伝えしたように、**自分の想いに突き動かされるほうがいいですし、**自分が好きと思ったら、そう表現したくなるのが人の感情というもの。しかしここで立ち返る必要があります。

目的は、「好き」と伝えることではなく、OKをもらうことであるということを。

究極の安全策は、自分から告白をしてNOという選択肢を相手に与えるのではなく、**相手に告白してもらうこと**です。相手に告白してもらった時点で敗北はなくなるのですから。

だから、告白される人＝モテる人なのです。

しかし告白されるのはそんなに簡単なことではありません。そこには相手にそうさせる何かがあるということです。その何かとは何でしょうか？

それは**相手が喜ぶことを提供する**ことです。なんだそんなこと？　それだけ？　と思うかもしれません。

しかしこれがシンプルな結論です。あなたのキャラクターをアピールするのではありません。相手が心地よくなるためにどう振る舞えばよいのかを考えることがポイントです。

そのためには、まず相手が喜ぶタイプを考えなくてはいけません。

相手はあなたと一緒にいてどういう状態になりたいのか？　笑いたい、聞いてもらいたい、安心したい、ドキドキしたい、グチりたい、泣きたい、信じたい……、などたくさんの願望があると思います。それは一つではありません。

次ページにあげたように、タイプを見極めて、それぞれの相手に合った対応策を考えてみましょう。

あなた自身にもいろんな引き出しがあるはずなのです。自分がそういう気分のとき、相手にどのように寄り添ってもらえると心地よくなるか、ここにヒントがあります。自分の気持ちをぶつけるのではなく、相手が求めることを自分に置き換えたらどうしてほしいか、という思考回路で考えるとうまくいきます。それが積み重なったとき、**相手はあなたのことが好きになっていくはず**です。

その気持ちがマックスに至ったとき、あなたは告白する側から告白される側になるのです。

「気になる人」のタイプ別！　対策案

◎笑いたいタイプ

→ギャグや冗談で笑わせるのはダメ

明るい声のトーンでリズムよく話すこと。

「あの人といると終始楽しかった」という余韻を残すことがこのタイプの人には大事。

一発芸的や下ネタで笑わせようなどもってのほか

◎「（自分の話を）聞いてもらいたい」タイプ

→途中で遮らない。反論をしない。結論を求めない

この３つに反すると確実に嫌われる。

「わかる！　わかる！　ボク（私）も、こんなことがあったんだよ」と、自分の話ばかりするのは、最悪の行動

◎安心したいタイプ

→話すリズムをいつもよりゆっくり。ベラベラ喋らない

「この人、イヤな思い出の軽いタイプの人と似てる……」などと結びつけられてはいけないのです。

「あ、この人浮かれてなくてなんか落ち着く」

そんな気持ちになってもらえるよう、ゆったりとした空気をつくろう

「手応え十分」ならば、告白すべし！

ここで一つだけ注意点があります。以上のような行動の結果、だんだんと相手の好意を感じるようになったとき、そのマックスに至る直前、**80％くらいの時点であなたから告白しましょう**。

「いままで言っていたことと違うじゃないか！」と思われるかもしれません。告白するなと書いていたではないかと。もちろん理想は相手からの告白です。

しかし告白するのはフラれるリスクもあるので、どうしても躊躇してしまいがちです。だからこそ、その最後のひと押しはあえてあなたからするのも一案だと思うのです。

それを逃すと、いまの関係のまま、ときが過ぎていきます。

実は、これは仕事も同じなのです。「仕事をください、ください」と言ってばかりでは仕事など来るはずがありません。相手が求めるものを自分が提示し、向こうが興味を持ってはじめて取引が開始されるのです。

1章でもお伝えしたとおり、最終局面で顧客から「あなたに仕事を100万円で頼みたい！」と言ってくることはそうそうありません。だからあなたから「**私は御社と取引できたらとても嬉しいと思っているのですけれど**」と呼び水を差し出すことが必要になるのです。

理想は相手からあなたに仕事を自然と依頼してくることです。理想の真逆が「仕事をください」と嘆願すること。

しかしこれでは０か１００かという確率の低いことになりかねないので、相手の気持ちが80％くらいまであがってきたら（ビジネスなら相手から価格を聞かれる、恋愛なら手をつなげるくらいの目安です）こちらから思いを伝える。この流れを基本としながら、理想を目指しましょう。

途中までは「告白される」ことを考え、最後のひと押しはアナタから。

■▶▶ 1軒目から最後の告白まで「ストーリー式」1軒目の予約だけで、あとは風任せ

「準備」の有無が告白の成功を握る

男性の方に聞きます。ここぞ！　というデートのとき、行くお店はいつも決まっていますか？　それともその都度違うお店でしょうか？

ただの飲み会ではなく、「この子とはどうしてもお付き合いしたい」「決して逃したくない」という相手の場合です。

モテる人と稼ぐ人の共通点が一つあります。それは自分の**成功パターン**が決まっているということです。

どんな流れになっても自分の成功パターンへ持ち込むから、こちらを嫌いと思っているほどの相手でないかぎりうまくいくようになっています。

それに対して、ここぞという商談も恋愛もうまくいかない人は、**能力不足ではなく準備不足が敗因となっている**ことが少なくありません。

準備不足とは、恋愛で言えば、１軒目のお店を予約するだけで、次のストーリーを考えていないケースです。

特に、お店選びや移動の仕方はスムーズでなければいけません。

・周りがザワザワうるさすぎて声が聞きとりづらかった
・２軒目への段取りが悪くて、連続で居酒屋になってしまった

などの事態を引き起こします。これはすべて準備不足によるところが大きいのです。

では、成功パターンのストーリーはどのようなものでしょうか。

・そのお店は駅から徒歩でどれくらいの時間がかかるのか
・２軒目に行くお店は近いのか

・移動手段はタクシーなのか電車なのか
・何時に予約し、会計をし、次のお店に移動するのか
・どのような会話で相手を喜ばせていくのか

これらを綿密に計画したら、最終的に**どのタイミングで告白をするのか**を決めるのです。

これらが決まっているかどうかが成功には不可欠です。

「食べものでは何が好き?」と聞いて「パスタが好き」と答えられてパスタ屋さんを探しているようではいけません。

本来1軒目の選定は、その後のストーリーがあってこそ決まるはずです。

パスタが好きと言われようが、おでんが好きと言われようが、焼肉が好きと言われようが次に言う言葉は決まっています。

「そうなんだ、でね、築地に面白いおもてなしをしてくれるお寿司屋さんがあってね」

といったように、**相手のリクエストは聞くものの、行くお店の目星はつけておく**のです。

席まで決めておいたほうがよいほどです。2階のカウンターの一番奥、といった具合に。

そして22時半にトイレに立ちお会計を済ませ、次のお店を予約して、タクシーを呼んでおく。1軒目を出たらすぐにタクシーに乗って次のお店へスムーズに行く。

ここで「あれ、タクシーがなかなか来ないね」などと寒空のなか彼女を待たせたりしていたら雰囲気は台無しですから気をつけてください。

そして、会話も盛り上がってきた23時半、プレゼントを渡してついに告白タイム——。


実を言うと、ここまで一緒にいてくれたということは、「本当に付き合うのはイヤ！」とは思われていません。むしろ、「**私のためにこんなに細かく計画してくれていたんだ**」と感謝の思いが芽生えているはずです。そのときにあなたの想いを伝えれば、大体はＯＫされるでしょう。

ただし、相手があなたよりもかなり年上だったり、経験豊富だったり、自立心が高かったりすると、ひと筋縄ではいかない可能性もあります。それでも、準備しないよりはマシと思いましょう。

仕事でも使える！　成功するためのストーリー

多くの人は決着の最終局面までうまく持っていけずに、途中段階で告白して失敗しているようです。相手がこちらを信頼する前に告白しても、うまくいくはずがありません。

これを仕事に置き換えても同じことが言えるでしょう。お客様との接待でなんとなく1軒目を決めてあとはその場その場で探す。お客様を待たせたり、移動で寒い思いをさせたりしては取引もうまくいきません。**いかにスムーズに、そしてちょっとしたサプライズも仕掛けながら相手を喜ばせるかは、仕事もプライベートも同じ**なのです。

これらの準備があってはじめて、気持ちや個性の勝負の土俵に乗れると考えましょう。たしかに、段取りだけで勝てるとはかぎりません。段取りどおりに行かないことももちろんあるでしょう。それでも、**準備をしている人としていない人では、勝率は大きく異なります**。

そのコツを知らずに、気持ちのやりとりだけを考えていると確実にライバルとの差は開いていきます。

ビジネスならばなおさらです。１軒目の店を吟味することなど当たり前で、競合各社どこでもやっていることです。そこからもうひと工夫の段取り力や演出があったうえで、気持ちも通じるというものです。

相手への気持ちが強いほど、準備は綿密に行いましょう。負ける一番の要因であり、最も後悔を生むのが〝準備不足〟の四文字であると心に刻んでください。

何が何でも、告白までのストーリーを細かくプランニングしておくべし。

趣味より仕事。日曜日の憂うつは大歓迎！
趣味があるから、仕事も充実する

趣味は楽しいけど、仕事との優先順位を考えよう

皆さんは趣味を持っていますか？　スポーツ、レジャー、お酒、音楽、文化活動……など趣味になり得るものはあげればキリがありません。

「没頭できる趣味を持っている人ほど、仕事もうまくいっている」とよく聞きますが、実際はどうなのでしょうか？

ここまで、散々プライベートの話をしておきながら、大変申し上げにくいのですが、本書の読者の皆さんにかぎり、**「趣味を持てば仕事もうまくいく」というのは、〝真っ赤なウソ〟〝幻想である〟と断言します。**

なぜなら、皆さんが「成長期真っただ中」にあるからです。

仕事も趣味も充実している人は、ほんのひと握りの成功者の話です。成功したからお金もあるし時間の融通もきくのです。その立場を勝ち獲ったのです。

そんな成功者でも、たとえば起業したての頃に、趣味も遊びも……なんていう話は聞いたことがありません。起業の前後の間は「仕事を頑張る期間」だったからです。

誤解を恐れずに言うならば、「趣味に走りすぎると仕事の成績は下がる」と言えます。

趣味はあくまで趣味でしかありません。

もちろん趣味を持ってはダメということではなく、趣味が仕事の悩みや問題を解決してくれることはないということです。しいて言えば、帰宅後の趣味のために、仕事のスピードが上がるくらいでしょうか。

一心不乱、まさに趣味など眼中にない状態。それを3年くらい踏ん張ったとき、会社のなかでは完全に抜きん出た成果を出すでしょう。知らず知らずのうちに、他社から引き抜かれるような人材になっているに違いありません。
その後30代、40代、多少仕事も落ち着いてきて周囲から評価もされはじめたなと感じた頃、「プライベートの時間も大切にしていこう」という流れのほうがごく自然です。

そうはいっても、日曜日になると、「また、一週間がはじまる」と、憂うつになるという人がいます。実は私もそうです。
「イヤでイヤでたまらない」というほどではありませんが、もし「明日から温泉旅行に行くか」「会社で資料作成やミーティングをするのか」という選択肢があったら、温泉旅行を選びたい！　と思うのが人の心というものです。

それでも、私含め皆さんは働かなければなりません。それならいっそのこと、

・「日曜日の夜の憂うつ、ドンと来い！」
・「そりゃ、イヤな気持ちくらいあるさ、仕事なんだから」

と開き直ってしまいましょう。

それまでは、仕事のことは忘れ去ってしまうのです。明日の朝からフルスロットルになれるように、スイッチを切り換えてしまいましょう。

そうやって過ごしていくうちに、いずれ仕事も趣味も充実していくでしょう。

趣味に目が行くのはわかるが、いまは、仕事に打ち込むべき時期だ。

第５章

急加速で成長した先に待っている未来

急加速で成長できる

仕事をやらされる側から、任される側へ

本書もついに最終章となりました。ここまでご覧いただき、「私には絶対無理」という項目はありましたか？　おそらくないはずです。なぜなら、私がお伝えしたことは、**小さな小さな「はじめの一歩」に過ぎない**からです。

十歩や百歩先のことを言われたら、さすがに「無理……」と思うかもしれません。

しかし皆さんが行うことは、大切な局面でいままでできなかった「たった一歩を踏み出してみる」、これだけです。勇気を出せれば、そのあとは急加速で成長していきます。

では、急加速で成長するとどんな未来が待っているのでしょうか？　本章ではその先に待つ未来、あなたに表れるよい変化や気づき、得られることをご紹介していきます。

一つひとつの仕事に自分の判断を差し込んでいく

まず表れる変化が、「仕事をやらされる側から、任せられる側に変わる」ということです。やらされる仕事は、たとえば、資料作成分野で言うところのエクセルの打ち込み業務。任せられる仕事は、どのような数字を提示するとよいか判断を要する業務。

テキスト作成業務で言うと、ファイリング業務はやらされる仕事、どのようなテキストにすればお客様によりよいものになるかという業務は任せられる仕事にあたります。

「やらされ仕事」は、意思をあまり必要としませんから、**「とにかくこの作業をやっておいて」**と言われて請け負う場合が多いでしょう。

反対に、任せられる仕事というのはスタートからゴールまで決まりきったものではなく、その途中途中で判断力が求められます。そのため、**一つひとつの仕事に自分の意思を持っていないと成り立たない**のです。依頼してくる側も正解をわかっているわけではありません。判断を任せられる人を探しているのです。

そうやって、「仕事を任される側」に立ったとき、次の三点に気づきます。

①「任される仕事」には高いスキルは必要ない

任される業務には経験が必要だ、などと〝条件〟を設定しがちです。しかし、そんなことよりも、迷う局面が生じたときに、自分なりの判断をして、第一歩を踏み出せる勇気を持っていることのほうがもっと大事です。**一歩の先に失敗が訪れてもかまいません**。失敗をしたらそれを学びとして、また一歩を踏み出し直せばいいのですから。

②「任される仕事」はより自由で、ラクだ

やらされ仕事は、あなたを納期や作業で縛りつけます。すべて自分ではなく、相手が決めるからです。これでは疲れてしまうのも仕方がありません。

反対に、判断を任されるようになれば、ペース配分などの主導権はあなたにあります。周囲からアレコレ言われなくなります。気がラクになるのは容易に想像がつくでしょう。

③自然と「私にやらせてください」と言うようになる

それまで自分から立候補するなんて想像もつかなかったし、そういう言動は取りたくもないと思っていたのに、自然と「**私にやらせてください**」という言葉が出てくるようになります。なぜかというと、自分でやりたい仕事を選ぶ（立候補する）ほうが、これもまた〝ラク〟であると知るからです。手抜きという意味ではありません。やりたくない仕事をするよりもやりたい仕事をするほうが〝楽しい〟というプラスの意味です。

やりたいことと周囲があなたにやってもらいたいことが合致し出したとき、あなたは自然とリーダー職へ昇進していることでしょう。やがて、会社だけでなく世の中におけるあなたの実力が上がっているはずです。

「任される仕事」が増えたとき、また一つ上のステージに上がる。

仕事と会社の外では「別人格」だったのが、同一化される

職場を出たら、別人になるべき？

ひと昔前までは、「**仕事とプライベートは別！**」という風潮がありました。人格は二重人格のように、割り切るべきという考え方です。

しかし、いまの時代は働き方や仕事への考え方が変わりつつあります。規律は保持しながらも、「仕事も楽しまないと人生つまらない！」「そのためには自分らしく生きていかないと！」と考える人が圧倒的に増えたように思います。そのように日々過ごすためには、できるかぎり、**仕事とプライベートの自分を分けない**ことです。

どう切り替えようとしても心の根元は同一なのです。もとから分離はしていないのです。

ですから、仕事で負の感情を抱いていると少なからずプライベートにも影響します。

たとえば、仕事でイヤなことがあると、イライラしてその日は飲みに行きたくなる、なんてことありますよね。その夜を楽しく過ごせるか、ストレスを抱えて過ごすか……。

仕事とプライベートはこのように密接につながっているのです。それを無理に切り換えようとするとストレスを感じるのではないでしょうか。

私は、**仕事の自分とプライベートが同一化したとき、仕事が楽しくなると感じます**。

しかし現実問題、仕事上のキャラクターをまずは認めてもらったあとで、プライベートの人格を知ってもらうということが多いですね。先にプライベートの人格ありきで仕事を行っていては仕事の評価も環境も変わらないものです。

では、どうすれば同一化できるのでしょうか。

それは、あなたが一つずつ自分の行動にプラスの一歩を加えることです。

もうおわかりですね。本書でお伝えしてきたとおりに、積極的に仕事を進めたり、周囲と関わったりすれば、あなたのキャラクターが浸透していきます。

同一化したとき、楽しいと感じることに加えて、もう一つの変化があります。それは、

自分らしさを失わなくなることです。これはワガママとはもちろん違います。**私の人生、私らしく生きていく**。こう思うことに非難をする人などいませんし、その権利もありません。

仕事とプライベートの自分が同一化したとき、24時間まるまるあなたの時間になります。違う自分を演じてストレスを抱えていた時間が消えていきます。著名な経営者の方やアーティストなどはわかりやすいお手本です。

著名な経営者でなくとも、周囲に起業した友人や、活き活きとチャレンジを繰り返している社長はいませんか？　私の周りにはそういう方がたくさんいます。

皆さん、誠実で、情熱家で、素直で、勉強家。

自分の心や個性にウソをつかず、厳しい局面にいつも立ち向かい、ストレスに潰されそうな顔など一切見せずに今日も頑張っている人。

もちろん、そんな人たちと同じように、皆さんも日々輝く人生を歩む可能性を十分に秘めています。

仕事の仕方が一歩変わり、結果が出るようになったら、あとは自分らしく楽しく過ごすことです。それが揃えば人生の多くの時間を占める仕事の時間が楽しくなります。

緊張感という一線はあっても、自分の性格に無理をしたり自分にウソをつくという境界線はなくなっていきます。

遠慮なく一歩を踏み出してみてください。

「仕事とプライベートは別、なんて真っ赤なウソ」くらいに思っておく。

小さなプライドよりも、「自分の幸せ」に気づく

命の危機にさらされた「あの日」

私事ですが、２０１５年に大きな病を患い、人生ではじめて救急車に乗り、入院と手術を経験し、病院で２ヶ月過ごしました。

特に、大手術となった2回目は、そうなるまでに、二度意識を失ったのです。輸血でギリギリ意識を保っている最中、主治医から「出血多量で命が危ない状態です。今すぐに手術をさせてください」と言われ、緊急手術となったのです。

そのとき、「あ、命が危ないというところまで来ているんだ。**もしかすると今日死ぬこともあり得るのかもしれない――**」そう考えました。

今まで散々、「人生は一度きり」「誰しもいつ命途絶えるかわからないのだから、後悔ないように」と周りに言ってきました。しかし本当にその日が自分のもとへ来るとは思ってもみなかったのです。

無事手術は成功し、ベッドの上で1ヶ月ぶりに病の痛みから解放され（手術の痛みはまだ残ってはいましたが）生きていると実感したとき、しばらく涙が止まりませんでした。2ヶ月間絶食をしていたので、20kgもやせてしまいました。久しぶりに口にした流動食が、どれだけ美味しくて、どれだけ貴重に感じたか……。日常が続けられることがどれだけ貴重なことで有難いことか。人に会えて、話せて、食事ができて、笑えて。痛さもなくふつうに眠れてまた朝を迎えて「おはよう」と言えること。これだけでもとても嬉しいことであると実感したのです。

また、たくさんの人に支えられていることも痛感しました。家族、同僚、上司、親友、お客様、病院の先生方、看護師の方々。**知らず知らずのうちに、たくさんの人に支えられて生きていると気づきました**。感謝の気持ちが入院前よりも遥かに深くなったのです。

それまでの私は、仕事中心の人生を送ってきました。はたから見たら狂気の沙汰としか思えない働き方だったに違いありません。

それもそのはず、経営コンサルタント業ですから、最前線で数字や結果と毎日戦う世界です。結果と数字の最短距離を進むにはどうしたらよいか、自分の価値を高めるにはどうしたらよいか、ときには周囲からの評価を得たいとばかり考えていたこともありました。**「ちっぽけなプライド」で人生の時間を使っていた**頃です。

しかし今回病気をして気づきました。そんなことよりももっと大切なことがあると。**数字や結果だけが出ても幸せにはならない**と確信したのです。仕事や収入、名声というものはあくまでサブ的なもので、それ自体が幸せだとはかぎらないのです。

そうはいっても、同じような経験をした人にしかわからないことかもしれません。なぜなら私自身が、入院前に聞いた話と、実際に体験したのとでは感覚が異なったからです。

無事退院することができ、それからは自然と、強くこう思うようになりました。

自分らしく生きなくては死ぬとき必ず後悔をする。

大げさかもしれませんが必ずすべての人に死は訪れます。そのとき思い出すのは、笑って過ごした日々のことです。もっと人に合わせて生きたかった、そんな日々をもっと続けていきたかった……などという思いは決して生まれません。

自分らしい人生だった、たくさん笑った、たくさんの人の笑顔にふれた。

そういう人生にするために、**自分らしさを最優先にギアチェンジしていきましょう。**

自分らしく、楽しく生きることが何よりの幸せである。

おわりに

現在、38歳の私が考える「幸せ」に対する結論は、次のようにシンプルです。

幸せとは、好きな人と日々笑顔で過ごし続けること。

笑顔で過ごし〝続ける〟というところがポイントです。途絶えさせたり短期間しか笑顔でなかったらそれはベストな幸せとは言えないように思います。

好きな人とは恋人や家族、同僚、友人などさまざまです。そんな大好きな人たちに囲まれて日々笑顔で過ごし続ける。これが最も崇高で幸せなことなのだと思います。

あくまで私の経験からの想いなので、皆さんとは違うかもしれません。ですが、本書ももう最後なので、私の正直な想いを書かせていただきました。

仕事をする時間は幸せに通じていなくてはいけない。それを見失って結果や名声、富ば

おわりに

かりを求めると大切なことを見落とします。そして気づいたときにはたくさんの時間が過ぎています。

仕事は、幸せになるためにある。その幸せとは、日々を好きな人と笑顔で過ごし続けること。ここに向かう仕事には意義があり、心から湧き上がるパワーがあります。

そうでない仕事は、いつかどこかで息切れしてしまうでしょう。最悪の場合、そのような人生の時間の使い方をしたことを後悔してしまいます。

幸せに向かうために、**毎日自分らしく、個性を大切にしてください。自分のやりたいこと、一緒にいたい人を大切にしてください。**

仕事の世界においては、たくさんの事件も起きますし、笑顔だけでは済まされないことも起きるものです。しかし、それら厳しいこと、悔しいこと、憤りも、後にすべてあなたの笑顔につながることであれば、それは幸せの途中なのだと思います。もしその先に笑顔につながる自分の成長ややりがいがなく、あなたの表情が曇るばかりなら、それは人生の路線変更が必要なのだと思います。

すべては、自分が笑顔で人生を歩むためにあるのだ、そう感じることができたとき、本書で終始お伝えしてきた、一歩を踏み出す勇気が、自然と湧き上がってくると思います。

だから、本当に必要なのは一歩を踏み出すという作業的なことではなく、あなたが人生を笑顔で過ごすことを大切にすることこそが、何よりの変化のきっかけになるのです。

再度書きます。


仕事とは、幸せになるためにある。

幸せとは、好きな人と日々笑顔で過ごし続けること。


ここに向かう仕事の仕方をしていきましょう。

これが伝えたくて本書を執筆しました。本書を通じて皆さんの仕事や人生にお役に立てたなら嬉しいです。

最後までお読みいただき誠にありがとうございました。

２０１６年2月

著者

〈著者紹介〉

佐久間 俊一（さくま・しゅんいち）

国内最大級の独立系コンサルティングファームである株式会社船井総合研究所において、モチベーションやスタンスの重要性をつねに提唱し続けてきた経営コンサルタント。

そのスタイルで出会った経営者は100人を超え、100社以上のコンサルティングに携わってきた。出会いのなかで、自分らしく輝いて日々を楽しく過ごしながら結果を出しているビジネスパーソンに共通する点をノウハウとして集めてきた。

営業マン研修では受講者が1000人を超え、毎年依頼する会社が後を絶たない。ビジネスパーソン1人ひとりに対する個別コンサルティングも多数の実績を誇る。

マーケティング分野においては広告・メディア分野を専門領域とし、同社の広告チームのリーダーを務める。

著書に、『心の再生計画書』（ごま書房新社）、『戦略的な人のデータ・統計分析の技術』（KADOKAWA ／中経出版）がある。

船井総研 コンサルタント直伝
急加速で成長できる！ 仕事力アップの教科書

2016年3月24日　第1刷発行

著　者　佐久間　俊一
発行者　八谷　智範
発行所　株式会社すばる舎リンケージ
〒170-0013　東京都豊島区東池袋3-9-7　東池袋織本ビル1階
TEL 03-6907-7827　FAX 03-6907-7877
http://www.subarusya-linkage.jp/
発売元　株式会社すばる舎
〒170-0013　東京都豊島区東池袋3-9-7　東池袋織本ビル
TEL 03-3981-8651（代表）　03-3981-0767（営業部直通）
振替 00140-7-116563
http://www.subarusya.jp/
印　刷　ベクトル印刷株式会社

落丁・乱丁本はお取り替えいたします

ISBN978-4-7991-0450-7